THE SPIRIT OF
THE CHINESE PEOPLE
中国人的
精神

辜鸿铭 著
李志堃 译

中国华侨出版社
·北京·

献与

奥地利绅士

L. 索伊卡先生

此君曾于辛亥革命时

有恩于本人及家人

谨以此书,聊表谢意

译者序

21世纪的前20年里,我们仍处在一个冲突不断的世界当中。冲突不仅发生在政治和经济领域,各大异质的文明在价值观方面也有着或明或暗的博弈。很显然,简单的多元主义并不能消弭日益明显的文明裂隙,尝试着进行文明间的对话,寻找诸种制度与文明的契合点才是问题的关键。然而在当今国际舞台的实践当中,文明、理性、客观似乎总是被粗暴、狂热和偏见取代,相信本书的作者应该对此颇有感悟。

辜鸿铭(1857—1928)先生于1915年撰成《中国人的精神》一书,而文中的不少观点即便是放在今天,竟也能与当前的世界文明格局产生奇妙的反应。此书的旨趣在于"阐释中国人的精神,展现中华文明的价值",作者在全书的序言中已经开门见山地指出了这一点。而全书最具深度的内容则在于论证了"人文精神"之于文明的重要性。辜鸿铭在论及中国人的精神时,用温良(gentle)一词进行了高度概括。"温良"这种品质具有"化"

的作用，他认为中国人有了这种气质，即便个别低劣的人，也不会真正让人心生厌恶之情。

人作为文明的主体，影响着文明所呈现的形态：温良的人构成了温良的文明，而这种文明的核心在于道德，即辜鸿铭所强调的"君子之道"。藉此，中国人产生了一种独特的宗教，即"良民宗教"。辜鸿铭认为，西方宗教强调人神伦理，主张自修真道，而中国的良民宗教则强调人与人之间的伦理，主张在人群以及社会关系中把握住道德，即孔子所言"君子务本，本立而道生。"

辜鸿铭的温良文明观并非单纯地强调精神文明，认为在这种文明之中，物质文明会接受道德的统摄，在道德的指引下，朝着更好的方向发展。这种文明观认为，人类借助文明来征服和改造自然，同时也可以借助文明来控制自身的情欲。如果允许用中国哲学的范畴来类比，那么温良的文明是一种以道德为体、以物质为用的文明。在道德的指引与规范下，作为外在的物质文明会有更为健康的发展态势。如果不强调道德文明，物质文明客观上也会发展进步，但最终一定会酿成灾难。

辜鸿铭温良文明理论的提出具有重要的时代价值，在20世纪前20年，西方文化对中国人的精神有极大的冲击和撼动，全面西化的呼声甚嚣尘上，激进的运动如疾风骤雨，中华文明的发展受到了前所未有的挑战。而真正洞察到了西方文明存在的缺陷以及中华文明中无尽宝藏的，却是辜鸿铭这样一位"学在西洋"的中国人。辜鸿铭的文明理论即便在今天，也具有现实意义。本书问世百余年后的今天，笔者仍能感受到辜鸿铭在当时环境下承受的压力，然而一个世纪过去了，世界仍然在文明的边缘龃龉徘徊。作为普通的读者，重温先贤的文明理论，明白"中国人的精神"在世界舞台上应该散发何等光芒，庶几可以慰藉这位在动荡年代务本行道的先行者吧。

序言

　　本书旨在阐释中国人的精神，展现中华文明的价值。本人看来，若要评估某一文明的价值，最终必须考量的问题并不在于它能修建何等宏伟的城市、何等华丽的屋宇、何等宽敞的道路；也不在于它能制造何等华美舒适的家具、何等精巧实用的器械；甚至不在于它能建立怎样的学院，有怎样的文理建树。若要评估某一文明的价值，必须问它能够产出何等样式的人。实际上，正是通过某一文明下的男男女女，我们可以看出这一文明的本质和个性，也就是说，可以看出这一文明的灵魂。若是某一文明的男男女女能够展现出这一文明的本质、个性和灵魂，那么，他们使用的语言也能表现出该文明中男男女女的本质、个性及灵魂。法国人讲文学创作的时候说"风格即人"（Le style, c'est l'homme）。因此，本人书中前三篇以真正的中国人、中国的女性及中国的语言为主题，借此阐明中国人的精神，昭示中国文明的价值。

　　本人还增添了两篇文章，以图向诸位说明，有些外国人虽被称作研究中国的权威，但他们其实并不了解真正的中国人，也不了解中国的语言。比如教士亚瑟·史密斯（Arthur Smith, 1845—1932）[1]，他撰文写过《中国人的性格》，但并不了解真正的中国人，因为他是个美国人，缺乏底蕴，没法理解真正的中国人；再如大汉学家翟理思博士（Dr. Giles, 1845—1935）[2]，我曾试图证明，此人并不是真的明白中国语言，因为他是个英国人，不够广博，此人缺乏哲学家的洞察力，因而视野有限。本人打算将此前一篇讲濮兰德（J. O. Bland, 1863—1945）[3]和白克好司（Backhouse, 1873—1944）[4]先生著作的文章也收入此书，他们的那部书谈到了著名的慈禧太后，本人四年前曾将此文发表在上海《国家评论》上，然而我未能找到此文的副本，可谓十分遗憾。在那篇文章中，本人认为濮兰德和白克好司之流不会，也不能理解真正的中国女性，中华文明所培养出最为高贵的女性就是慈禧太后。因为，濮兰德和白克好司之流算不得朴实，他们的思想太过复杂，太过聪明，思维太过曲折，这点是所有现代人的通病[1]。其实，若想理解真正的中国人和中华文明，就必须做到深、博、朴，因为中国人的品质和中华文明的特征就是深、博、朴。

美国人发现，想要理解中国人和中华文明并不容易，因为

1　亚瑟·亨德逊·史密斯教士：《中国人的性格》的作者。
2　赫伯特·艾伦·翟理思：英国外交官、汉学家，剑桥大学汉学教授。
3　濮兰德：英国作家、记者。
4　白克好司：英国东方学者、汉学家、语言学家。

一般来说，美国人虽然博、朴，但缺少深。英国人无法理解真正的中国人和中华文明，因为英国人虽然深、朴，但缺少博。德国人也理解不了真正的中国人和中华文明，因为德国人，尤其是受过教育的德国人，虽然深、博，但缺少朴。本人看来，只有法国人可以理解真正的中国人和中华文明[2]。法国人的思维既没有德国人的深，又没有美国人的博，也没有英国人的朴，但是法国人所特有的品质上述民族都没有，那就是妙，要想理解中华文明，便离不开这种品质。中国人和中华民族的品质除了上述三条之外，有必要再补充一条，那就是妙。这种妙程度极深，只能从古希腊文明中寻得。

人们会发现，若是让美国人来研究中华文明，他们就会更深；若是让英国人来研究中华文明，他们就会更博；若是让德国人来研究中华文明，他们就会更朴；而美、英、德三国人若是研究中华文明、中国典籍和文学，必然会获得妙的特质，恕我直言，若是论妙，以上三国之人仍稍逊一筹。而法国人，若是研究中国和中华文明，他们会获得深、博、朴，而他们本身的妙，则会更上一层楼。所以，本人坚信，若是研究中华文明、中国典籍和文学，所有欧美之人都将获益匪浅。因此，本书还收录了一篇讲汉学的文章——文章讨论了研究中国人的方案，本人三十年前从欧洲回国之后，决定研究我中华之文明，便制订出这一方案。希望本人的方案对那些想要研究中国人以及中华文明的人能起到一定的帮助作用。

最后，我还在附录中收录了一篇关于现实政治的文章，专门讨论"战争与出路"。涉足现实政治，可谓危险重重，这点本人也深有所知，但是这样做是为了证明中华文明是如何解决当今世界难题的，这一难题也就是如何将欧洲文明从崩溃的边缘拯救出来。实际上，本人想要向世人昭示，研究中国人、中国典籍和文学不仅仅是汉学家们的事情。

在这篇文章中，本人意欲阐明引起这场大战[1]的道德原因，因为只有理解这场战争真正的道德原因并加以改正，才有希望找到战争的出路。本人文章中认为，这场大战的道德原因在于英国的"群氓崇拜"（worship of the mob）和德国的"强权崇拜"（worship of might）。本人在文中强调，英国的群氓崇拜要更甚于德国的强权崇拜，因为公平来看，德国的强权崇拜是英国的群氓崇拜造成的。实际上，人人都讨厌德国人穷兵黩武，但根源在于欧洲各国，尤其是英国的群氓崇拜。

首先，本人认为，正是日耳曼民族的道义精神使得德国百姓相信强权并且崇拜强权，他们对公义爱得热切，结果他们就对"不义、不整、不齐"（Unzucht und Unordnung）也深恶痛绝。热爱公义而痛恨不义的人都容易相信并且崇拜强权。比如，苏

---

[1] 即第一次世界大战。

格兰人卡莱尔（Thomas Carlyle，1795—1881）[1]，此人就相信并且崇拜强权。为什么这么说呢？因为卡莱尔有着德国人的道义精神，他对不义深恶痛绝。本人认为德国的强权崇拜是英国的群氓崇拜造成的，之所以这么说是因为德国人的道义精神使得他们厌恶不义、不整、不齐，因此，他们厌恶英国的暴民、群氓崇拜，也厌恶英国崇拜暴民的人。德国人看到英国的暴民和崇拜暴民的政客在非洲发动了布尔战争（Boer War，1899—1902）[2]，他们出于对英国的暴民、群氓崇拜还有英国崇拜暴民之人本能的厌恶[3]，甘愿做出重大牺牲，全民节衣缩食打造海军，企图消灭英国的暴民、群氓崇拜及崇拜暴民之人。实际上，德国人发现自己四周全是暴民、群氓崇拜及崇拜暴民之人，欧洲的这些人也是受了英国的煽动，这也使得德国人越来越相信强权，他们崇拜强权，认为这是人类唯一的救赎。德国人厌恶英国的群氓崇拜，因而产生了强权崇拜，最终走向了恐怖的穷兵黩武之路。

本人再度重申，德国人崇拜强权，时至今日走向恐怖的穷兵黩武之路，这是欧洲各国尤其是英国的群氓崇拜造成的。如果英国还有欧美各国想要消灭德国的黩武，就必须先打倒本国的暴民、崇拜暴民之人和对暴民的崇拜[4]。对于当今欧美、日本和中国那些大言不惭向往自由的人，本人有一言相告，真正

---

[1] 托马斯·卡莱尔：苏格兰哲学家、讽刺文学家、散文家、翻译家、历史学家、教师。
[2] 布尔战争：大英帝国与两个布尔人国家之间的战争。

的自由要求规矩行事，循蹈中正。看看中国在辛亥革命之前是何等面貌，没有教士，没有警察，没有市政税，也没有所得税，中国人比世上其他国家的人都要自由，这是为什么呢？因为革命前的中国人会规矩行事，懂得规矩行事，知道良民的规矩。但是革命之后——中国便缺少了自由，这又是为什么呢？因为现代的中国留学生从欧美人那里学了不留辫子的潮流，他们从上海的欧洲暴民身上学了一身的散漫习气，不去做良民，反要当暴民，北京的英国外交官和海关总税务司则怂恿、纵容并推崇这群暴民[5]。本人要说的是，如果欧洲人、英国人想要消灭普鲁士人的黩武，就必须先把自己国内的暴民除掉，还要除掉自己国内的群氓崇拜和崇拜暴民之人。

本人虽然认为德国人穷兵黩武是由欧洲各国，尤其是英国的群氓崇拜造成的，但是公正来看，德国人要直接对这场大战负责，尽管这场大战带给德国百姓和日耳曼民族的灾难要比其他民族都更为严重。

想要理解这一点，不妨先听我介绍一下德国在欧洲穷兵黩武的历史。宗教改革和三十年战争（The Thirty Years' War）[1]之后，日耳曼民族有着自己的道义精神，他们热爱公义，对不义、不整、不齐都深恶痛绝，日耳曼人崇军尚武，以此为利剑，捍卫着欧洲的文明。换句话说，他们是在使欧洲走向齐整（Zucht und

---

1 三十年战争：1618—1648年在欧洲爆发的一场大战。

Ordnung）。实际上，德国人掌握着欧洲的道德霸权。宗教改革后，德国的腓特烈大帝（Frederick the Great，1712—1786）[1]就像英国的克伦威尔（Thomas Cromwell, 1485—1540）[2]一样，利用德国的军武之剑使欧洲归于齐整，他至少在欧洲北部取得了成功。腓特烈大帝逝世之后，他的继承者却不知如何驾驭这把利剑来保卫欧洲文明，其实，他并不适合掌握欧洲的道德霸权。结果就是整个欧洲，甚至德国的宫廷都变得金玉其表、败絮其中，这一无底深渊令人殊为憎恶，以至法国饱受压迫的男女平民都拿起刀枪奋起反抗。但是，这些起身反抗的法国平民很快就变成了暴民，这些暴民找到了一位伟大的强力领袖，即拿破仑·波拿巴（Napoleon Buonaparte, 1769—1821）[3][6]，暴民们在他的率领下烧杀抢掠、横扫欧洲，后来德国整军经武，全欧洲都与德国团结在一起，在滑铁卢击败了这个暴民领袖。在此之后，欧洲道德霸权本应重归普鲁士的日耳曼人手中，这是德国的基础。但是，组成奥地利帝国的其他民族心怀忌妒，便对此加以干预。结果就是暴民们逃脱了日耳曼人道义精神与德国军武之剑的压制，1848年又再度祸乱欧洲，破坏欧洲的文明。此后，日耳曼民族的主心骨普鲁士人再度凭借道义精神与德国军武之剑拯救了欧洲，保住了君权（俾斯

---

1 腓特烈二世：1740—1786年任普鲁士国王，史称腓特烈大帝。
2 托马斯·克伦威尔：英国近代社会转型时期杰出的政治家，英王亨利八世的首席国务大臣。
3 拿破仑·波拿巴：法国政治家、军事领袖，史称拿破仑一世。

麦称之为王朝），从暴民手中把欧洲文明救了回来。

然而，奥地利人——他们是组成奥地利帝国的另一个民族——又心生忌妒，不愿让日耳曼民族的主心骨普鲁士人占据道德霸权地位。1866年，普鲁士皇帝威廉一世任用俾斯麦（德语：Otto Eduard Leopold von Bismarck，1815—1898）[1]和毛奇（德语：Helmuth Karl Bernhard von Moltke，1800—1891）[2]，用武力消除奥地利的忌妒之心，重夺欧洲道德霸权。

此后，路易·拿破仑（Louis Napoleon，1808—1873）[3]从德国手中夺去了欧洲的道德霸权，此人并非自己叔父一般的风云人物，乃是暴民中的欺世盗名之徒，正如爱默生所说，此人堪称窃国大盗，是巴黎暴民的头目。结果，威廉皇帝手持德国军武利剑，进军色当（Sedan），击败了这个欺世盗名的窃国大盗。法国的百姓曾相信暴民，也相信这个欺世盗名之徒，但是这些暴民将他们的房屋洗劫一空，付之一炬。这一切并不是德国穷兵黩武造成的，也不是普鲁士人干的，这一切的元凶反而是他们所信任的暴民。1872年之后，德国人在道德和政治上最终都取得了霸主的地位，他们的灵魂中有着日耳曼民族的道义精神，手中握着德国军武之剑，以此压制暴民，保卫欧洲和平。多亏

---

[1] 俾斯麦：德意志帝国首任宰相，人称"铁血宰相"。
[2] 赫尔穆特·卡尔·贝恩哈德·冯·毛奇伯爵：德国陆军元帅，常作老毛奇。
[3] 夏尔·路易·拿破仑·波拿巴：1852—1870年任法国皇帝，1848—1852年任法国总统，史称拿破仑三世。

德国人能有如此道义精神及军武之剑,自1872年以来,欧洲人才能安享43年太平。因此,声讨谴责德国和普鲁士崇军尚武的人应该牢记,他们整军经武,曾为欧洲立下了何等功劳。

本人在前文中不厌其烦地讲述德国人黩武的历史,是为了让德国人清楚,本人对德国人并没有任何偏见,但还是认为他们对大战有着更为直接的责任。为什么这样说呢?因为能力意味着责任[7]。

正是因为德国人热爱公义,痛恨"不义、不整、不齐",所以才会相信并崇拜强权。但是,本人认为,这种痛恨程度过深时,也会变成不义,变成一种十分恐怖的不义,这可谓罪孽深重,远非不整、不齐所能比。希伯来人让欧洲人知道并热爱公义,但是他们极度热爱公义,从而过分痛恨不义,这种偏激狭隘、严酷无情的恨意使得犹太民族国破家亡。耶稣基督正是为了将他的子民从这种偏激狭隘、严酷无情的恨意中拯救出来才降临世间。马修·阿诺德(Matthew Arnold,1822—1888)[1]认为基督对人们说的话具有难以言表的理性,基督说:"学我的样式,顺服谦卑,你们心里就必得享安息。"但是犹太人非但不听耶稣教诲,反而将其迫害,犹太人的国家也因之不复存在。罗马人当时是欧洲文明的捍卫者,基督表示:"凡动刀的,必死在刀下!"[8]罗马人非但充耳不闻,反而纵容犹太人迫害基督。结果就是罗

---

1 马修·阿诺德:英国诗人及文化评论家。

马帝国与古老的欧洲文明都化作尘埃，随风散去。歌德说过："如何才能温和地对待负罪之人，如何才能慈悲地对待乱法之人，如何才能以仁人之心对待不仁之人，人类若想明白这些道理，仍是任重道远。最先传布此理者，可谓圣人，他们为了能让此理得以实现，为了能将其付诸实践，不惜献出自己的生命。"

此处援引伟大的歌德的几句话，旨在呼吁德国人，他们若是不能改变自己对不义的那种偏激狭隘、严酷无情的恨意，若是不能根除这种由恨意而产生的、对强权的绝对盲信与崇拜，就会像犹太人一样灭国，甚至于欧洲的现代文明也会缺少强力的捍卫者，因而像欧洲古代文明一样走向崩溃。正是这种偏激狭隘、严酷无情的恨意，使得德国人相信并崇拜强权；正是这种对强权的绝对相信与崇拜，致使德国内外事务官员还有普通百姓在与其他民族交往中变得轻浮自私、粗鲁无礼。德国的朋友曾要我拿出证据，证明德国人崇拜强权，证明德国人粗鲁无礼，其实只需要看看北京的克林德[1]牌楼就明白了。北京的克林德牌楼就是德国人崇拜强权的标志，就是德国人在外事外交中粗鲁无礼的证明[9]。克林德牌楼所代表的这种强权崇拜和粗鲁无礼令俄国沙皇颇有微词："我们已容忍七年之久，现在必须做个了断。"德国人外交上粗鲁无礼，使得真正热爱和平的俄国沙皇及欧洲最优秀、最可爱、最

---

1 指克莱门斯·佛雷赫·冯·克林德（德语：Klemens Freiherr von Ketteler，1853—1900）男爵，德国外交官，死于庚子拳祸。

善良、最慷慨的俄国人与崇拜暴民的英国、法国走到了一起，他们一起签订三国协约[1]，俄国人甚至与塞尔维亚乱党勾结在一起，而战争也从此爆发。总而言之，正是因为德国人在外交上粗鲁无礼，自身民族也蛮横无理，直接引发了这场大战。

因此，如果现代欧洲文明合法的正统捍卫者真的是当今的德国，若想不走向灭亡，还要捍卫现代欧洲文明，德国人就必须设法抑制这种偏激狭隘、严酷无情的恨意，这些恨意会让他们盲信并崇拜强权，进而会变得轻浮自私、粗鲁无礼。但是德国人，以及日耳曼民族，要如何抑制自己对强权的绝对盲信及崇拜呢？本人认为，伟大的歌德早就说过了："世上和平之力有两种，那便是义与礼。"（Es gibt zwei friedliche Gewalten auf der Welt: Das Recht und die Schicklichkeit.）

所谓的义与礼，即德语的"das Recht und die Schicklichkeit"，其实是中国的孔子所倡导良民精神的精髓所在，所谓的"礼"，更是中华文明的精华。希伯来文明的宗教虽然让欧洲人知道了"义"，但是并没有传授"礼"；希腊文明让欧洲人知道了"礼"，但是没有传授"义"；中华文明则是兼顾礼义（das Recht und die Schicklichkeit）。欧洲的现代文明是以希伯来《圣经》为蓝本打造的,《圣经》教欧洲人爱公义、做义人、为义事。然而，中国的《圣

---

[1] 指俄罗斯帝国、法兰西第三共和国和大不列颠及爱尔兰联合王国，于公元1907年8月31日签订了《英俄条约》之后达成的相互谅解的协议。

经》——"四书五经",是孔子为挽救中华民族而设计的文明蓝本,也教人们爱公义、做义人、为义事,而且补充了一条——要品位高雅。简言之,欧洲宗教告诉人们要做"善人",而中国的信仰则告诫人们要做"雅士"。基督教提倡"爱人",而孔子却提倡"爱雅士"。本人称这种既讲究义又讲究雅的信仰为良民宗教,对于欧洲人,尤其是处在战乱之中的欧洲人,还有那些要制止战争、挽救欧洲文明乃至世界文明的欧洲人而言,良民宗教将会使其获益匪浅。他们会发现,这种新宗教就在中国,就在中华文明之中。因此,本人将力图在这本小书中向诸位阐明并展示其价值,也就是中华文明的价值。希望所有受过教育并勤于思考的人读完之后能够对大战爆发的道德原因有更为深刻的理解,这将有助于我们制止这场人类史上最残酷、最野蛮、最无益、最恐怖的战争。

如果想制止大战,我们所有人首先必须设法消灭群氓崇拜,然后消灭当今世上的强权崇拜,正如本人所言,这就是当今世界大战的根源。想要消灭群氓崇拜,就必须从日常生活言行做起,考虑问题时不应考虑利益,不应计较得失,而是要考虑歌德所说的"义"。孔子曰:"君子喻于义,小人喻于利。"也就是他们的得失。只有当我们敢于不计较得失,拒绝加入和追随暴民之时,我们才能在将来消除群氓崇拜,拒绝成为乌合之众。伏尔泰(法语:Voltaire,1694—1778)说:"善人无胆,实非幸事。"本人认为,恰恰是因为我们自私自利,想的都是利害得失,而不是去讲究义，还有就是我们胆小懦弱，不敢站出来对抗暴民，这才致使当今世上暴民横行，人们纷纷崇拜暴民。人们认为，德国人穷兵黩武，他们才是危害整个世界的敌人。但是，本人认为，正是我们自身的自私与懦弱相结合，才使得我们变得投机钻营，这种思想遍布全球，英美情况最为严重，这才是当今世界真正的敌人。我们人人都投机钻营，这才是当今世界真正的大敌，这与普鲁士人穷兵黩武无关。人们的自私与懦弱相结合，致使人人投机钻营，进而造成了群氓崇拜的泛滥，而英国的群氓崇拜思潮激发了德国的强权崇拜思潮，致使德国人穷兵黩武，最终引发了世界大战。这场大战的根源并非在于穷兵黩武，而是在于投机钻营，而这是由我们自身的自私自利与胆小懦弱结合而成的。因此，若想制止这场大战，就必须先克服自身的投机钻营，克服自私自利和胆小懦弱，简言之，我们必须先想到义，而不是先想到利，要敢于站出来对抗暴民。只有这样，我们才能消灭群氓崇拜和崇拜暴民的宗教，制止战争。

只要我们能消灭群氓崇拜，那么想要消除强权崇拜和德国、普鲁士的穷兵黩武就不是难事。若想消灭强权崇拜，还有德国、普鲁士，以及世上其他民族的穷兵黩武，就必须考虑歌德所提的另一个字，那就是"礼"，同时还要品位高雅，所谓行事知礼、品位高雅，简言之就是讲规矩，只有这样，强权和黩武才无法掀起波澜，即便是普鲁士人也无法穷兵黩武。他们会发现，在讲规矩的民族面前，强权和黩武并无用武之地，也没有必要这样做。这便是良民宗教的本质，是中华文明的秘诀，也是德国人歌德教给欧洲人的新文明的秘诀，这一文明秘诀就是：不可以暴制暴，当以义礼制暴。其实，想要消灭强权及世间诸恶，不能依靠武力，而是要使自己的言行得体，符合规范，这也就意味着要求人们行事以义，行事以礼，还要品位高雅[10]。这便是中华文明的秘诀与灵魂，是中国人精神的精华之处。

最后，本人想引法国诗人贝朗瑞（Pierre Jean de Beranger, 1780—1857）[1]的诗句作为总结。庚子拳祸[2]之后，我在《总督衙门论文集》中曾引用过，此刻引用这些诗句可谓非常合适：

亲睹和平神女降，花田麦垄泛金光。
刀兵不起战云散，霹雳长息怒火藏。
英法普邦夸壮伟，比俄德国称豪强。
群雄携手立盟誓，圣契威风布四方！

辜鸿铭
1915年4月20日撰于北京

1　贝朗瑞：著作颇多的法国诗人和词作家。
2　庚子拳祸：反对帝国主义的义和团运动。辜鸿铭所谓"庚子拳祸"。——编者注

目 录

导 论 / 001

中国人的精神 / 011

中国的女性 / 065

中国的语言 / 089

约翰·史密斯在中国 / 101

汉学大家 / 113

中国学问（上篇）/ 123

中国学问（下篇）/ 135

群氓崇拜之宗教或战争与出路 / 145

参考文献 / 163

导论

> 良民之宗教
> 义举非如是,不能诳暴民。
> 俯观称莽汉,仰看乃愚人。
> 妄诈笑其鄙,诗张欺此淳。
> 待之以正道,日渐能知真。
>
> ——歌德[11]

如今世人所关注之事,乃是当下的大战。本人认为,这场大战会使深沉之士开始关注文明的问题。所有文明都源自对自然的征服,即压制和掌控自然之力,以使其无法对人类造成伤害。我们必须承认,当今世上征服自然最为成功的,非近代欧洲文明莫属,其他文明尚无能与之相提并论者。然而,世上还有一种力量,它比自然之力更为恐怖,这种力量就是人心中的欲望。自然之力对人类造成的伤害,恐怕无法与人心欲望造成的伤害相比。人心欲望之力殊为恐怖,若不加以节制约束,那么不仅文明将荡然无存，人类也将不复存在，这一点无可置疑。

在人类社会初期，人类必须用自然之力来节制内心的欲望。因此，原始人群不得不受制于纯粹自然之力。然而，随着文明的演进，人类发现，若是想要节制欲望，有一种力量比自然之力更为强大、更为有效，那就是道德之力。过去在欧洲，这种能够有效节制人心欲望的道德之力就是基督教。但是，如今天下纷乱，人们更加崇尚武备，这似乎表明，基督教这种道德之力已经失去了作用。欧洲人没有找到有效的道德之力来节制人心欲望，因而不得已重新借自然之力以图维持社会秩序。卡莱尔所言不虚："所谓欧洲，无非混乱加上军警而已。"借用自然之力来维持秩序，必然导致穷兵黩武。实际上，欧洲如今并无有效的道德之力，因此不得不穷兵黩武。但是，穷兵黩武必然导致战争，而战争必然导致破坏与毁灭。如此一来，欧洲人可谓进退维谷。若是不穷兵黩武，他们的文明就会毁于混乱；但是，如果继续穷兵黩武，他们的文明必会崩于兵祸。英国人表示，普鲁士人穷兵黩武，自己则誓要将其推翻，基奇纳（Lord Kitchner, 1850—1916）[1]勋爵自信能率三百万英国精兵直捣普鲁士，令其不再穷兵黩武。但在本人看来，普鲁士不再穷兵黩武之日，乃是英国穷兵黩武肇始之时，此后仍需将其消灭。如此

---

[1] 霍雷肖·赫伯特·基奇纳：英国高级军官、殖民地总督。

看来，似乎陷入了恶性循环，无法摆脱。

然而，果真没有解脱之法吗？我相信事实并非如此。美国人爱默生（Ralph Waldo Emerson，1803—1882）[1]曾经说过："崇拜枪火之人庸劣粗鄙，虽然衮衮诸公对此颇为崇拜，但以我观之，此等庸人必然衰败。以枪止枪并不可取，唯有公义仁爱之法才能引导干净的革命，这道理毋庸置疑，正如上帝必然存在一般。"若是欧洲人真心想要摆脱武力，那就只有一种方法，正如爱默生所言，切勿以枪止枪，要用公义仁爱之法，实际上也就是所谓的道德之力。若是道德之力行之有效，则无人以武力为重，自然也无人再去信奉此理。但是，如今基督教已经失去了道德约束力，那么欧洲人该去何处寻找有效的道德之力来取代这种穷兵黩武的思想呢。

我相信，欧洲人会从中国、从中华文明中找到这种新的道德之力。中华文明中的道德之力会使人不再以穷兵黩武为重，而这种道德之力便是良民宗教。但是会有人说："中国照样不太平。"诚然，中国也存在战争，但是自从孔子的时代以来，两千五百年了，中国人还未曾发生如今欧洲这般大的武力事件。在中国，战争是偶然的；而在欧洲，战争则是必需的。我中华之人会大兴刀兵，但不会渴求战争。依我看来，实际上欧洲最

---

[1] 拉尔夫·沃尔多·爱默生：美国散文家、演讲家、诗人。

令人难以容忍的地方不在于频繁的战争，而在于他们人人都害怕自己的邻居日益强大，进而掠夺谋害自己，因此，他们不得不武装自己，或者雇请武装警察保护自己。如此看来，欧洲人所面临的压力并非来自无数偶然的战争，而是来自不断武装自己的需求，这种绝对的需求要求他们用自然之力来保护自己。

在中国，我华夏民族有良民之宗教，因此，国人无须借用自然之力保护自身，甚至都无须倚仗警察、国家之力来保护自己。中国人邻里之间讲究正义感，同胞之间出于道德义务而乐于互助，因而人人都能得到保护。其实，中国人无须凭借自然之力保护自己，因为他们心里明白，人人都觉得公义之力要高于自然之力，而且人人都应该遵守道义。公义之力高于自然之力，人人都应该遵守道义，若是能使世人都认识到这一道理，那么就没有必要再去使用自然之力；世人也不会穷兵黩武。当然，每个国家总有少数恶人歹徒，大千世界总有凶蛮之辈，他们认识不到公义之力高于自然之力，认识不到人人都应该遵守道义，这些人要么是顽固不化，要么就是力有不逮。因此，为了打击恶人歹徒与凶蛮之辈，世上诸国有必要采用适量的自然之力、军警之力及尚武之风。

然而，人们会问："你有何办法能使世人都明白公义之力高于自然之力呢？"本人的答案是，首先要让人们相信公义的功效，使人们确信公义是一种力量，实际上也就是让人们相信善的力量。但接下来人们肯定会问该怎么做。为了让人们相信善的力量，中国的良民宗教在每个孩子刚刚识字的时候就教育他们"人之初，性本善"[12]。

在我看来，当今欧洲最根本的缺陷在于对人性的认识有误。他们认为人性本恶，正是这么一种错误的观念，导致整个欧洲社会结构都建立在强力之上。欧洲人维系文明秩序主要凭借两样东西，一是宗教，二是法律。换言之，欧洲人服从秩序是出于对上帝及法律的畏惧。畏惧就意味着使用强力。欧洲人为了使人们对上帝保持敬畏之心，一开始便养活了一大批浮华奢靡、游手好闲的教士。其余诸事暂且按下不表，光是巨大的开销这一项，就足以令百姓难以承担。其实，在宗教改革[1]这三十年的风云中，欧洲人也尝试着摆脱教士。教士使人畏惧上帝，摆脱他们之后，欧洲人又试着通过让人们畏惧法律来维持社会秩序。但是欧洲人想要人们畏惧法律，就必须花更多的钱来养活另一群不事生产之人，他们就是所谓的军警。现在欧洲人又发现，养活军警来维持社会秩序要比养活教士花费还多。其实，宗教改革那三十年风云中，欧洲人想要摆脱的是教士，而如今的这场大战，欧洲人真正想要的是摆脱军警。然而，欧洲人要想摆脱军警，那么摆在他们面前的有两个选择，其一是召回教士，

1　宗教改革是16世纪西欧基督教的一次分裂，最初由马丁·路德领导，后来由慈运理、约翰·加尔文和其他新教改革家领导。

使人们继续畏惧上帝；其二是另寻他法，就像畏惧上帝与法律一样，使得社会秩序得以维持。大家不得不承认，若是更宏观地考察这一问题，会发现这是大战之后摆在欧洲人面前的一大文明难题。

欧洲人已经经历了教士时代的教训，我认为他们应该不愿意召回教士。俾斯麦说过："我们决不能重回卡诺莎[1]。"况且，即便召回教士，也是于事无补，因为欧洲人对上帝的畏惧已经荡然无存了。因此，如果欧洲人想要摆脱军警，那么摆在他们面前的，就只有一条道，那就是另求他山之石，从而帮助自己维持社会秩序，就像从前畏惧上帝和法律一样。正如本人此前所言，我相信所谓"他山之石，可以攻玉"，欧洲人可从中华文明之中寻得，即本人所言良民之宗教。中国有了这种良民之宗教，百姓就可以保持秩序，而无须教士及军警插手。中国人口就算不及欧陆人口的总数，但也可谓人口众多，如此多的人口无须教士也无须军警，就能太平守序，实际上要归功于良民之宗教。但凡在中国生活过的人都知道，教士和军警在维持公共秩序方面起到的作用可谓微乎其微。只有无知匹夫才会有求于教士，只有最顽劣的凶犯歹徒才需要军警来维持秩序。因此，

---

[1] 即卡诺莎之辱，神圣罗马帝国皇帝亨利四世（1050—1106）亲政后和罗马教廷发生激烈冲突，并在1076年遭到教皇格里高利七世的处分，亨利四世不得不暂时屈服，于1077年至卡诺莎向教皇请罪。

本人认为，大宣宗教则易生是非，穷兵黩武则天下喋血，欧洲人若想真正摆脱这种状况，必须放眼中国，学习本人所言良民之宗教。

简而言之，本人想要欧美人注意到，值此文明崩坏之际，在中国却有一大笔文明财富，这笔财富不可估量，这是毋庸置疑的。所谓文明财富，并非指国家的商贸、铁路，也不是该国的金银煤铁等诸般矿藏。本人所言当今世界之文明财富乃是指中国人，是指真正崇尚良民宗教的纯粹的中国人。真正的中国人是无价的文明财富，因为真正的中国人恭谨自守、几乎无求于世。本人倒是应该奉劝欧美诸人，切勿毁掉这一无价的文明财富，中国人如今大兴"新学"，这是在改变，在糟蹋真正的中国人，万望诸君切勿如此。若是欧美人毁掉了真正的中国人，即中国式的人，将真正的中国人转变为欧美式的人，则需要教士或军警才能守序，那么世界无疑徒增奉教黩武之累，当前，这两者已是文明和人类的重大威胁。不妨从另一方面考虑，设想一下，若是能将欧美式的人转变为中国式的人，无须教士或军警也能守序，那么世界将会卸下多少沉重的负担。

接下来，本人将简明概括此次大战中欧洲文明暴露出的重大问题。欧洲人最初倚仗教士维持秩序。但是，不久之后，他们发现教士开销过多，造成的问题也不少。之后，欧洲人历经了三十年战争，摆脱了教士，却又迎来了军警以维持社会秩序。如今，他们又发现军警造成的开销和负担比起教士来可谓有过之而无不及。如今，欧洲人应该何去何从呢？送走军警，再迎教士？不可。本人认为欧洲人不愿再度召回教士，即便召回，也无济于事。既如此，欧洲人又当如何呢？剑桥的迪金逊（Goldsworthy Lowes Dickinson，1862—1932）[1]教授曾拟文《战争与出路》载于《大西洋月刊》，本人有幸拜读，文章称要"取暴民之道"。若是取暴民之道来取代教士和军警，恐怕会造成更严重的问题。欧洲的教士和军警导致了战争，而暴民则会招致革命与混乱，欧洲社会只会比之前更乱。本人奉劝欧洲人：不要召回教士，还有千万不要取暴民之道——应当取中国人之道，真正的中国人崇奉良民宗教，而且有两千五百年的历史，无须教士军警，却也生活太平。

其实本人确信，大战过后，欧洲人会在中国找到解决文明难题的方法。容我强调一遍，中国有着一笔无价的文明财富，这点是毋庸置疑的，这笔财富便是真正的中国人。之所以称真正的中国人为文明财富，是因为大战之后欧洲人若想建立新的文明，其奥秘全在中国人身上，这种新文明的奥秘正是本人所说的良民宗教。这种良民宗教的基本原则就是信奉人性本善，信奉良善之力，信奉爱默生所言仁爱公义法则的力量与效用。

---

[1] 迪金逊：英国历史学家。

但是，仁爱法则究竟为何物？良民之宗教教导人们，仁爱法则是指敬爱父母。公义法则又为何物？良民之宗教教导人们，公义法则是指真诚忠信；于妇人，需无私忘我，忠于夫君；于男子，则需无私效命，忠于君王。其实这种良民之宗教的最高义务便是忠的义务，不仅要忠以行彰，更要秉持忠心。正如丁尼生（Alfred，Lord Tennyson，1809—1892）[1]所言：

> 尊崇国主如奉良心，
> 敬待良心如事君王。
> 诛除异教捍卫基督。

---

[1] 丁尼生：英国桂冠诗人，在英国最为家喻户晓。

中国人的精神

此文宣读于北京东方学会

首先，请允许我向诸位阐明今天下午将要讨论的内容。本文题目为"中国人的精神"，但若是只谈中国人的品质或特征，则非我本意。中国人的特征这一话题已经是老生常谈了，虽然此前人们对中国人的特质，或说明描述，或罗列枚举，但是，就中国人的内在本质而言，他们至今只是窥其一斑、难绘全豹，想必诸君所见定是与我略同。此外，论及中国人的品质或特征，不可一概而论。正如诸位所知，中国北方人的性格与南方人有所不同，好比德国人的性格不同于意大利人一样。

但是，我所说的中国人的精神，是中国人赖以为生的精神支柱，这使得中国人无论是思维、性情还是情操都与其他民族有着本质上的区别，而与现代欧美人的区别尤为明显。我们不妨把今天讨论的主题表述为"中国式的人"，也许这种表达最为恰当，或者简而言之，称作"真正的中国人"。

那么，真正的中国人究竟如何？这一话题着实可堪玩味，我敢说诸位一定都会赞同，尤其是在当今情形之下。环顾今日之中国，似乎可以发现，中国式的人，或者说真正的中国人即将消亡，取而代之的则是一种新人，一种进步的或者说现代的中国人。在真正的中国人，也就是旧有中式人从世上销声匿迹之前，我们不妨最后再来将其仔细审视一番，看看能否从其身上发现一些根本上与众不同的东西，正是这些东西使其有别于其他民族，而且与当今异军突起的新式中国人也差异颇大。

我认为，旧有中式人最触动人心之处在于其既无野蛮之心，亦无残暴之意，又无凶戾之性。若是借用一个适用于动物的术语，或许可以说真正的中国人是驯化了的动物。比如，说一个来自中国社会最底层的人，和一个欧洲社会同样阶层的人相比，他身上少了几分兽性，少了几分动物的野性，也就是德国人所说的 Rohheit（动物野性），相信诸位都会认同我的看法。依我看来，其实有个词可以用来概括中国式的人给人的印象，那就是英文中的"gentle"，也就是"温良"。本人所谓温良并非指生性柔懦或者软弱顺从。已故的马高温博士（Dr. D. J. Macgowan）表示："中国人的温顺，与一个已遭阉割、伤心断肠的民族的温顺是决然不同的。"本人所谓温良，乃是不争、不厉、不鄙、不暴之意，这其中不会有任何令人不悦的东西。真正中国式的人讲究的是宁静、清醒、练达，恰如百炼金刚一般。若是一个真正的中国人身体或道德上存在缺陷，即便无法补救，至少也会被他身上温良的气质淡化。真正的中国人或许粗糙，但是粗而不鄙。真正的中国人或许丑陋，但是丑而不恶。真正的中国人或许庸俗，但是庸而不暴，庸而不乱。真正的中国人或许愚笨，但是愚而不谬。真正的中国人或许狡黠，但是狡而不奸。我想说的是，纵使真正的中国人身心品质稍有瑕疵，也不会令人感到厌恶。你会发现，老派的真正的中国人，即便是最低劣的人，也不会真正让人心生厌恶之情。

本人认为，所谓中国式的人，给人的整体印象是温良，而这种温良是难以用语言表达的。若是对真正的中国人这种温良品质加以分析，不难发现这可谓同情心与智慧的结合。我之前将中国式的人比喻成驯化后的动物。那么驯化后的动物与野生动物究竟有何不同呢？动物一经驯化，必然具有某些人类特有的品质。而这种人类区别于动物的品质究竟是什么呢？答案是智慧。但是，驯化后的动物并没有思考的智慧，这种智慧既不出于理性，亦非源自本能，譬如狐狸生性狡猾，知道哪里能够找到鸡吃，这就属于狐狸本能的智慧，即便是野生禽兽也有这种智慧。然而，驯化后的动物身上具有与人类似的智慧，这与狐狸的狡黠乃至动物的智慧是截然不同的。驯化后的动物拥有智慧，这种智慧既不出于理性，亦非源自本能，而是发于同情，这是一种喜爱、依恋的感情。例如，英国主人驯养纯种的阿拉伯马，马能够理解主人的意图，并不是因为马学过英语语法，也并非马生来就懂英语，而是因为马喜爱而且依恋自己的主人。这正是本人所谓人类的智慧，这种智慧与狐狸的狡黠乃至动物的智慧是有所不同的。驯化后的动物正是拥有了这种人类的品质才有别于野生动物。同理，本人认为，中国式的人，也就是真正的中国人，正是拥有了这种同情与真正的人类智慧，才造就了自身难以言表的温良。

本人曾听闻有外国友人长居中国和日本，此君在日本生活的时间越久，对日本人就愈加生厌，而在中国生活的时间越长，就越来越喜欢中国人。此君对日本人的评价究竟是对是错，本人不敢妄加评议。然而，本人认为，此君对中国人的评价是十分中肯的，相信诸君但凡在中国生活过就都会同意本人的看法。众所周知，外国人在中国生活得越久，就会越发地喜爱中国，这种喜爱也可以称为欣赏。中国人虽然卫生习惯欠佳，平日不修边幅，思维与性格也有诸般不足，但中国人有自身难以名状的品质，故而外国人对中国人颇为中意，对其他民族则不然。这种不可名状的东西本人姑且名之曰温良，在外国人心中，中国人固有其形神缺陷，而温良的品质即便不能改变外国人的这种看法，多少也会淡化、缓和外国人的成见。本人曾反复论述，所谓温良，即是同情心或真正人类智慧的产物，这种智慧既不出于理性，亦非源自本能，而是发于同情，是源于同情心的力量。那么究竟是什么使得中国人能够拥有这种同情之力呢？

论及中国人同情之力的奥秘，请容我在此稍加阐释，诸位也可以称之为假说。中国人能拥有这种强大的同情之力，是因为中国人的生活几乎可以称为一种心灵的生活。中国人是在凭感觉生活，这并非身体器官意义上的感觉，也并非神经系统中传输的感情，这是一种发自人性深处的人情，是心灵意义上的情感。其实，真正的中国人过着这样一种人情生活、一种灵魂的生活，所以人们往往会说他们超然物外，虽然世人皆是灵肉一体，但中国人往往也会忽视掉生活的必需条件。中国人并不在乎舒适的生活还有清洁的环境，平日也不甚讲究，其原因大抵如此。当然，这些都是题外话了。

中国人拥有同情之力，是因为他们过着一种完全的心灵生活、一种人情生活。容我先举两例来说明一下本人所谓的心灵生活。先看第一个例子，本人有一个在武昌的老友，也是同僚，此公唤作梁敦彦（1857—1924）[1]，他曾在北京任外务部尚书，诸君之中可能有人认识。梁公当初奉命赴任汉口道台时跟我说，他立志闻达官场，以求被朱佩紫，当他接到命令时满心欢喜，这并非因为他耽恋权位，也并非因为他能借此获得荣华富贵，虽然我们同在武昌时手头并不宽裕，他之所以如此，是因为自己获得拔擢升迁之后，能够让自己远在广东的老母高兴。中国人过着心灵的生活，过着人情的生活，其状况大抵如是。

还有一个例子，有位在海关工作的苏格兰朋友告诉我，说

---

1 梁敦彦：清朝外交官、政治家。

他之前有一个中国用人，此人生性顽劣，满嘴谎话，敲诈勒索，嗜赌成性。但是，当我的这位朋友在偏远的口岸，身患伤寒、没有朋友来照顾他时，那位顽劣的中国用人却悉心照料他，这些都是他的亲朋好友无法给予的。《圣经》有句关于人的话说得好："他许多的罪都赦免了，因为他的爱多。"这位身处中国的外国人看到了中国人习惯与性格上的不足之处，但是他的心则被中国人打动，因为中国人有爱心，换言之，正如本人之前所言，中国人过着一种心灵的生活、一种人情的生活。

本人认为，至此我们对中国人所拥有的同情心已经有所了解，正是这种同情之力赋予了真正的中国人交感的智慧，或者说是真正的人类智慧，这种智慧让中国人拥有了温良这种难以名状的品质。我们不妨将这一线索或假说验证一番，看看用中国人心灵生活这条线索除了能解释此前举出的两个独立的例子，是否还能解释一下中国人在现实生活中所表现出的普遍特征。

我们不妨先看看中国的语言。因为，中国人过着心灵的生活，那么也可以说中国的语言是一种心灵的语言。生活在中国的外国人中，小孩及未受过教育的人学习起汉语来，要比成年人和受过教育的人容易不少，这种事实可谓众所周知。这种现象的原因究竟是什么呢？本人认为，原因就是孩子，以及未受教育的人思考语言时用的是心灵；而受过教育的人，尤其是受过欧洲现代知识教育的人，思考或是讲语言时，用的是头脑或者说智力。实际上，为什么受过教育的外国人会觉得中文非常难学，原因就在于他们受过太多理性与科学的教育。有句话本是描述天国的，拿来描述学习中国语言也并无不妥："若不变成小孩子的样式，断不得习中文。"

接下来，我们再看看中国人生活中的另一则事实。众所周知，中国人记忆力超群。这究竟是为什么呢？答案就在于，中国人记忆事情时用的是心灵而不是头脑。心灵有同情之力，有黏胶之效，而用头脑或智力进行记忆则艰难枯燥，不如心灵记忆有效。正因如此，当我们所有人还是小孩的时候，学习时的记忆力要远超我们成年以后的记忆力，因为在孩提时代，我们就像中国人一样，记忆事物用的是心灵，而不是头脑。

然后，我们再讲一下另一个大家熟知的事实——中国人很讲礼貌。人们经常评论说中国人非常讲究礼貌。那么，真正的礼貌本质是什么呢？答案是考虑别人的感受。中国人讲礼貌，因为他们过着心灵的生活，他们知道自己的感受，因此，他们也更容易去顾及别人的感受。中国人的礼仪没有日本人那样繁文缛节，但是也会令人感到舒服，法语里有个完美的表达，叫作"礼发于心"（la politesse du coeur）。日本人虽然礼节繁复，但是并不是很让人舒服，我听有些外国人抱怨说自己并不喜欢这种礼节，因为这就像逢场作戏时走的程式而已，并非发自内心的自然之礼。其实，日本的礼节就像没有香气的花朵，而真正懂礼的中国人所讲究的礼节则由心而生，像是名贵的精油，可谓芳香四溢。

最后，我们再来看一看中国人的另一个特征，亚瑟·史密斯向世人揭示了这一点，因而声名大噪，这一特征便是只求大概。那么中国人究竟为何只求大概呢？还是那句话，因为中国人过着心灵的生活。心灵会保持微妙而敏感的平衡，并不是如头脑或智力那样僵硬刻板的工具。若是用心灵去思考，思考起来就不如用头脑或智力那样稳定而严谨。至少想要做到这一点，还是要花些工夫的。实际上，中国人用的毛笔或许可以拿来作为中国人精神的象征。想要拿它来写字作画并不容易，但是当你掌握毛笔的用法之后，便可以创作出精美典雅的字画作品，这是钢笔所无法企及的。

上述几则简单的事实是中国人生活中的实例，所有人，即便是对中国人一点也不了解，也能够观察和理解。通过研究这些实例，本人认为中国人过着心灵生活这一假设完全成立。

既然中国人过着心灵生活，过着孩童般的生活，那么他们生活的许多方面都非常原始简朴。没错，中华民族虽然十分伟大，而且历史源远流长，但时至今日中国人在许多方面仍然十分原始简朴，这一点非常值得大家注意。正是由于这一点，许多浅薄的洋学生认为中国的文明停滞不前，宛如一潭死水。不得不承认，如果单就智力生活而言的话，中国人确实在某种程度上受到了阻碍。众所周知，中国人在自然科学还有数学、逻辑学、形而上学等抽象科学方面发展有限。实际上，欧洲语言中的"科学"（science）和"逻辑"（logic）两个词在汉语中并没有完全对等的词。中国人就像过着心灵生活的孩子，对抽象科学并不感兴趣，因为心灵和情感在这些领域起不到作用。其实，中国人会厌恶任何与心灵和情感不沾边的事物，比如统计报表。如果说统计报表和纯粹的抽象科学只是会令中国人心生厌恶，那么当前欧洲人正在进行自然科学研究，需要活生生地肢解动物以求验证科学理论，这会让中国人心生抵触与恐惧。

　　本人认为，仅就纯粹的知识生活而言，中国人在某种程度上确实受到了阻碍。时至今日，中国人仍然过着孩童一般的生活，过着心灵生活。在这一点上，中华民族虽然源远流长，但至今仍是一个年轻的民族。但是，大家应该记住，这个孩童般的民族过着一种心灵生活，在许多方面还简朴如初，但是他们的精神之力和理性之力在原始民族身上则找不到踪影，这种精神之力和理性之力使得他们能够处理复杂困难的社会生活问题，以及政治、文明难题。在此容我冒昧一说，从古至今，欧洲还没有哪个国家能取得这样的成果，这一成果十分显赫，亚洲大陆绝大部分人口都归一个强大的帝国管辖，而他们实际上也一直太平安康，恪守秩序。

其实，我在此要说的是，中国人的绝妙之处并不在于他们过着心灵生活。所有原始的民族都过着心灵生活。大家都知道，中世纪欧洲信仰基督教的民族也过着心灵生活。马修·阿诺德（Matthew Arnold，1822—1888）说过："若是没有心灵与想象，就没有中世纪的基督教诗歌。"本人以为，中国人的绝妙之处在于，即便过着心灵生活，过着孩童般的生活，他们仍然具有精神之力和理性之力，这点在中世纪欧洲的基督教民族和原始民族身上是无迹可寻的。换言之，对于一个源远流长的成熟民族，对于一个拥有成人理性的民族而言，他们至今仍能过着孩童般的生活，过着心灵生活，这是中国人最难能可贵的特性。

因此，我们说中华民族是永不衰老，而不是停滞不前。简言之，中国人的绝妙特性就在于他们掌握了永葆青春的秘诀。

现在，我们可以回答最开始我们提出的问题了：真正的中国人究竟如何？现在我们知道，真正的中国人，是靠成年人的理性和孩童般的心灵去过日子的。简而言之，真正的中国人有着成年人的头脑，还有孩童般的心灵。因此，中国人的精神能够永葆青春，能使民族长存不灭。那么，中华民族能够长存不灭的秘诀是什么呢？诸位可记得，讨论开始之时我便说过，正是本人所谓的同情心，或者说是真正的人类智慧，将那种难以言状的温良赋予了中国式的人,或者说赋予了真正的中国人。本人曾提过,这种真正的人类智慧,是同情心与智慧结合的产物,它可以让心灵与头脑协同共作。简单来说,这是灵魂与智慧的完美结合。如果说,中国人的精神能够永葆青春,能使民族长存不灭,那么其秘诀就在于将灵魂与智慧完美地结合起来。

现在诸位也许会问我,中国人是如何做到让灵魂和智慧完美结合,从而获得了使民族长存不灭的秘诀的呢?答案很明显,他们从自身的文明中获得了这一秘诀。奉劝诸君还是不要指望我能在有限的时间内为大家做一番关于中国文明的演讲。但是,至于中国文明,今天本人还是会在当前这个演讲主题之下略述一二。

首先,本人认为中国文明与现代欧洲文明在本质上截然不同。此处容我引用著名艺术评论家伯纳德·贝伦森(Mr. Bernard Berenson, 1865—1959)在对比东西方艺术时的话:"我们欧洲艺术正在逐步走向科学,这一趋势十分致命,人们的志趣割裂开来,这使得几乎所有佳作都沾染了志趣冲突的色彩。"正如贝伦森先生品鉴欧洲艺术时所言,本人认为所谓欧洲文明,也有着志趣的冲突,一方面是科学与艺术之间的冲突,另一方面则是宗教与哲学之间的冲突。实际上,欧洲可以说是人类头脑与心灵、灵魂与智慧之间的修罗场。然而,在中国文明中,至少在过去的两千四百年没有发生过这种冲突。这也是中国文明与现代欧洲文明之间的一个根本区别。

换句话说,我想强调的是,现代欧洲人的宗教可以满足心灵,却无法满足头脑的需要,而哲学可以满足头脑,却不能满足心灵的需要。反观中国,有人说中国没有宗教。即便是中国的广大百姓也确实没有太把宗教当回事,这里我指的是欧洲语义中的宗教。在中国人心中,道教和佛教的寺观、祭祀和典礼与其说能够教化众生,倒不如说可供人消遣娱乐;与其说它们触动了中国人的道德与宗教情感,倒不如说它们拨动了中国人的美学心弦;实际上,中国人面对这些时,更多的是用到想象力,而非心灵或灵魂。所以,与其说中国没有宗教,倒不如说中国人不想要宗教,中国人不需要宗教。

中国人即便是广大百姓都觉得没必要拥有宗教,这个特殊的问题该如何解释呢?伦敦大学汉语教授、英国人罗伯特·肯纳韦·道格拉斯爵士(Sir Robert K. Douglas,1838—1913)[1]在研究儒学时这样解释道:"四十多代中国人都将一人之言奉为金科玉律,此人即是孔子,也是中国人的一员,他的教诲与中国人的天性十分契合。蒙古利亚人种的思维冷静而感性,天生排斥研究自己经验之外的事物。孔子认为未来之事难以预测,而他提倡的道德体系简明直白,切近现实,足以满足中国人的道

---

[1] 罗伯特·肯纳韦·道格拉斯:英国东方学家。

德需求。"

这位英国教授博学多识，声称中国人并不需要宗教，因为中国已有孔子的教诲，可谓一语中的，然而，此人断言中国人不需要宗教还因为蒙古利亚人种的思维冷静而感性，实属大谬。宗教与思辨关系不大，而是与感觉、情感息息相关，并且关涉人的灵魂。即便是非洲狂野凶蛮之人也需要宗教，他们刚从动物进化成人时，体内的灵魂就已经觉醒。蒙古利亚人种虽然思维冷静而感性，但是本人以为，中国的蒙古利亚人种相较于非洲野人而言已属高级人种，这是不争的事实。非洲野人都有灵魂，更不必说高级的中国人了，既然有了灵魂，就必须有宗教，或是其他可以代替宗教的东西。

事实上，中国人不需要宗教，因为儒家学说有一套完整的哲学和道德体系，将人类社会与人类文明集于一体，可以取代宗教的地位。有人说，儒家学说不是宗教。在欧洲语境下，儒家学说确实不能算宗教。但是，本人认为，儒家学说最高妙的地方就在于此，它虽然不是宗教，却能取代宗教的位置，使人无须宗教也能生活。

想要明白儒家思想为何能够取代宗教，我们就必须先弄明白为何人类需要宗教。在本人看来，人类需要宗教，正如人类需要科学、需要艺术、需要哲学，因为人类是拥有灵魂的生物。我们不妨以科学为例，此处本人所指乃是自然科学。人们究竟为了什么才会从事科学研究？大多数人会认为，人类想要铁路、飞机，所以才会去研究科学。但是，真正投身科学研究事业的人并没有将铁路和飞机作为自己研究的动机。当下一些所谓进步的中国人从事科学研究，因为他们想要铁路和飞机，如此一来，他们永远也无法理解科学的真谛。过去欧洲真正专攻科学的人刻苦钻研，推动科学的进步，同时也使得人们能够建造铁路、飞机，他们头脑中根本就没想过铁路与飞机。欧洲这些真正投身科学的人，衷心觉得自己有必要去探究这个奇妙宇宙的奥秘，这是他们献身科研的动力，也是他们取得骄人成果的秘诀。所以，人类需要宗教，其原因与人类需要科学、需要艺术、需要哲学是如出一辙的：人类是有灵魂的生物，所以才觉得有必要探索自己所在宇宙的奥秘，正是因为人类有灵魂，能够回顾过去、展望未来，也能关注当下，这点与动物不同，动物只能着眼于当下。人类若是不知道大千世界中万物的性质、法则、用途与目的，便会像关在黑屋中的孩童一般，对万物都抱有恐惧、不安、彷徨的心态。正如一位英国诗人所言，宇宙奥秘是人们身上的重担。因此，人类需要科学、艺术及哲学，同理，他们也需要宗教，来使自己"千层玄秘重如山，……不测之世深似海"的境况得以缓解。

艺术与诗歌可以让艺术家和诗人看到宇宙万物的美妙与秩

序，如此便可减轻未知奥秘带给他们的压力。诗人歌德说过："拥有艺术，便拥有宗教。"诸如此类的诗人觉得自己并不需要宗教。哲学家们有了哲学，便可以洞察宇宙万物的规律与秩序，从而减轻未知奥秘带给自己的压力。对于斯宾诺莎（Spinoza，1632—1677）[1]等哲学家而言："智力生活可以通达彼岸，正如对圣徒而言，宗教生活可以使其到达彼岸。"故而他们也不需要宗教。最后，科学家研究科学，可以一窥宇宙万物的法则与秩序，从而减轻未知奥秘带给自己的压力。因此,诸如达尔文（Darwin，1809—1882）和海克尔（Ernst Haeckel，1834—1919）[2]教授一类的科学家也不需要宗教。

然而，大多数人既不是诗人、艺术家，也不是哲学家、科学家，他们的生活充满了艰辛，恐怖的自然之力无时无刻不在威胁着他们，而他们也时刻面临着同类相残的危险，那么他们将如何缓解"不测之世深似海"的负担呢？答案是宗教。然而，宗教又将如何缓解未知奥秘带来的负担呢？本人认为，宗教能让大众感到安全与永恒，通过这种方式，宗教可以缓解上述的负担。自然之力可谓神威莫测，同类相戕可谓残忍恶劣，人类在面对这些威胁所带来的神秘感与恐惧感时，宗教则可以对广大百姓加以庇护，这种庇护可以让人们感到安全，使人们相信

---

[1] 巴鲁赫·斯宾诺莎：犹太裔荷兰哲学家。
[2] 恩斯特·海克尔：德国生物学家、博物学家、物理学家及艺术家。

超自然存在，或者相信神明拥有绝对的权能，可以掌控那些威胁他们的力量。世间万物难逃荣辱兴衰、生老病死，可谓变化无常，这也会让人备感神秘与不安。这时，宗教又能对广大百姓加以庇护，这种庇护可以让人们感到永恒，使人们对未来的生活抱有希望。这个世界风云莫测，充满奥秘，而广大百姓大多不是诗人、艺术家、哲学家、科学家，他们有了宗教，便可以缓解这些奥秘带来的负担，因为宗教可以让他们感到安全与永恒。耶稣说过："我将我的平安赐给你们，我所赐的，不像世界所赐，也不会被世界所夺。"我认为宗教能让广大百姓感到安全与永恒，大抵如是。因此，除非世间另有他物，可以让广大百姓感到安全与永恒，否则人类将永远需要宗教。

此前提到儒家，虽然它不是宗教，却可以取代宗教。因此，儒家学说必定内有乾坤，可以像宗教一样让人们感到安全与永恒。现在，我们不妨一探究竟，来研究一下为何儒家可以像宗教一样让人们感到安全与永恒。

经常会有人问我，孔子之于中华民族，究竟有何功劳。若说孔子对中华民族的贡献，我可以给诸位讲出许多。但是，由于今天时间有限，本人在此仅择其至伟之功告于诸位——孔子认为后人将会通过这件事情而理解他，会明白自己为他们所做的贡献。若是诸位能听我讲明白孔子所做的这件大事，便不难理解儒家之中究竟有何妙处，使之能像宗教一样令广大百姓感到安全与永恒。为了更好地向大家阐释，容我向大家略述孔子其人。

众所周知，孔子生活的年代是历史上中国的剧变时期，分封制已经土崩瓦解，此时的社会秩序和政治结构仍带有分封性质及半宗法色彩，亟须加以发展重建。这种剧变无疑致使天下大乱，同时也致使天下人心思乱。我之前讲过，在近两千五百年的历史当中，中华文明未曾听闻心灵与头脑会发生冲突。但是，本人有必要告诉诸位，在孔子生活的时代，中国人的心灵与头脑之间也有着激烈的冲突，这点与欧洲可谓如出一辙。孔子时代的中国人发现自己处在一个庞大的制度体系之中，这一体系包括既定现实、俗成教条、平常习惯、律法规章等，实际上这一庞大的社会与文明体系是承自祖宗先贤。他们不得不生活在这样一个体系之中，而他们开始感觉到，这一体系不是他们自创的，而且这一切根本不是他们想要的生活，对他们而言，这是惯性，并不是理性。两千五百年前中国人这种觉醒与如今欧洲人的觉醒并无二致，如今欧洲人称之为现代精神，即自由主义精神，亦即探究精神，这是种探究事物根源与本质的精神。当时的中国秉持着这种现代精神，发现旧有社会秩序和文明秩序与自己想要的生活格格不入，这种精神使得中国人不仅想要重建社会与文明的秩序，也想为这个新秩序寻找一个根基。当时中国为了寻找社会与文明的新根基，进行了各种各样的尝试，但是都以失败告终。有些可以满足头脑，也就是中国人对智慧的追求，但是无法满足中国人的心灵；而有些可以满足人们的心灵，但是无法满足人们的头脑。正如本人之前所言，中国在两千五百年前出现了头脑与心灵的冲突，一如今日之欧洲。人们尝试着去重建新的社会与文明秩序，但这种心灵与头脑的冲突致使中国人对所有文明都不甚满意，中国人因而陷入苦恼与绝望，想要绝除所有文明。譬如当时的中国人老子，还有当今欧洲的托尔斯泰（Leo Tolstoy，1828—1910），他们观察心灵与头脑的冲突，深知此中悲苦，自认为认清了社会、文明在本质与结构上的根本谬误。庄子是老子最聪慧的后学，老子与庄子奉劝中国人绝弃文明。老子认为中国人应该舍弃一切，跟随自己到山中隐居，这样才能过上心灵的生活，这样才能长生不老。

孔子也观察到了当时社会和文明中的悲苦，但是他发现社会和文明的本质与结构并没有问题，而是社会与文明朝着错误的方向发展了，而且人们建立社会与文明之初所选择的根基就存在问题。孔子奉劝中国人不要绝弃文明，他认为在真正的社会和真正的文明之中，在有真正根基的社会和文明之中，人类也可以过上理想的生活，过上心灵的生活。实际上，孔子终其一生都在尝试着将社会和文明引入正轨，使其得以拥有一个真正的根基，进而避免文明遭受毁灭。但是，孔子在晚年之时，他发现自己无力挽中华文明于危亡，他又有何作为呢？若是建筑师看到自己设计的房屋着火倾塌，他自知无法扶救房屋，那么他所能做的就是存好这栋建筑的设计图，以便日后重建。所以，孔子看到中华文明这栋建筑已经沦落到必然崩塌的地步，他觉得自己唯一能做的便是保存中华文明的设计蓝图，这一蓝图如今就保存在中国的"圣经旧约"当中，而这套经典就是五经。所以本人认为，孔子对中华文明做出的一大贡献便是保存了中华文明的蓝图。

孔子保存了中华文明的设计蓝图，可以说是为中华民族立了一大功劳，但这还不是孔子为中华民族做出的最大贡献。他通过保存中华文明的设计蓝图，重新构建了一个新的综合体系，这是对中华文明的一次全新诠释。借用这个新的文明体系，他教会了中国人什么是真正的邦国，什么才是一个邦国理性、永久、绝对的真正根基。

然而，古有柏拉图（Plato）、亚里士多德（Aristotle）之流，近有卢梭（Rousseau）、赫伯特·斯宾塞（Herbert Spencer）之辈，他们也建立了文明综合体系，也试着提出了真正国家的概念。那么，上述这些欧洲贤哲提出的哲学文明综合体系与儒家的哲学道德文明综合体系的区别究竟在哪里呢？本人看来，区别在于柏拉图、亚里士多德、赫伯特·斯宾塞的哲学体系没能成为宗教，也没能与宗教比肩，没能成为广大百姓所接受的信念，而在中国，广大百姓则将儒学视为宗教，或者认为儒学能与宗教比肩。本人此处所言宗教，与欧洲人狭义上的宗教不同，其语义范围更为广阔。歌德说过："唯有民众懂得什么是真正的生活，唯有民众过着真正的人的生活。"（Nur sämtliche Menschen erkennen die Natur; nur sämtliche Menschen leben das Menschliche）[13]此处谈到广义上的宗教，是一种适用范围极广而且具有约束力的教义体系，正如歌德所言，广大百姓或者说某一民族或国家里的大多数人都将其视为真理，并且以之来约束自身的行为准则。从广义层面来讲，基督教和佛教是宗教，而人们广泛接受儒家的教义，并且以之来约束自身行为，所以儒家也是一门宗教。但是即便从广义角度来看，柏拉图、亚里士多德还有赫伯特·斯宾塞的哲学并没有成为宗教。所以说，儒家与柏拉图、亚里士多德、赫伯特·斯宾塞哲学的区别就在于此，一个是饱学之士的哲学，一个则成为全中国人都接受的宗教，即便是饱学之士也不例外。

从广义角度来看，本人认为儒家是一门宗教，正如基督教和佛教一般。诸位应该还记得，我曾说过儒家并非欧洲语义中的宗教。那么，儒家与欧洲语义中的宗教究竟有什么区别呢？区别在于，其中一个的起源是超自然存在，而且其中含有超自然因素，而另一个则并非如此。但是，除了超自然存在这条区别之外，儒家与基督教、佛教等欧洲语义中的宗教还有另外的区别。欧洲语义中的宗教劝人向善，做一个善人；而儒家的教义则更为丰富，儒家会教人去做一个良民。基督教会问："何为人之根本？"而儒家则会问："何为民之根本？"所谓民，涉及的便不仅仅是个体的人，而且是将人置于人群及社会关系中考察。基督教会回答："崇奉上帝，即是人之根本。"儒家则会回答："入则为孝子，出则为良民，此乃人之根本。"据《论语》记载，孔子的弟子有子曰："君子务本，本立而道生。孝悌也者，其为仁之本与？"简言之，欧洲语义中的宗教是让人自修真道，成为圣徒、佛陀、天使一般的完人，而儒家则是让人成为孝子良民。换言之，欧洲语义中的宗教认为："人必须先成为圣徒、佛陀、天使，才能拥有宗教。"而儒家则认为："人若是成为孝子良民，便拥有了宗教。"

　　实际上，儒家与基督教、佛教这种欧洲语义中的宗教真正的区别在于，一个是个人的宗教，或者可以称为教会宗教，另一种则是社会宗教，或者可以称为国家宗教。本人认为，孔子对中国最大的贡献在于，他给人们带来了国家的概念。借此，孔子使得"国家"这一概念宗教化。欧洲人将政治当作一门科学来对待，但是中国从孔子时代开始，政治就是一门宗教。简言之，本人认为孔子对中华民族最伟大的贡献就是带给了人们社会宗教，或者叫国家宗教。孔子晚年著《春秋》，他在此书中向人们宣扬了这门国家宗教。此书旨在阐释国祚兴衰的道德原因，兴则如春，衰则似秋，故而书名《春秋》。这本书也可以说是一部现代史册，好比卡莱尔的《现代短论》一般。孔子在此书之中纵观社会文明的倾颓崩坏，历数此种现象所带来的不幸与痛苦，并且指出其真正原因，在于人们缺乏真正的国家观念；人们本应向国家和君王效命，但人们并没有正确地认识到这种义务的真正本质。从某种意义上来讲，孔子在这部书里阐述了君权神授的思想。本人自知诸位并不相信君权神授，也无意与诸位在此辩驳。本人只希望诸位能听我把话讲完再做判断。此刻，容我引用卡莱尔的一句名言："君王有权统御万民，这份权力若非公义神恩，必是邪魔妄谬。"希望诸位在探讨君权神授这一话题时，能够回味一下卡莱尔这句名言。

孔子在《春秋》一书中教育世人，认为除了利益与恐惧之外，人类社会所有的关系与行为都有一种更高尚的动机，那就是义务，这种动机能够超越利益与恐惧，比它们都要高尚。因此，在人类社会的各种重大关系中，比如人与国家或民族及其领袖的关系中，也存在着义务这种高尚的动机来影响或激励人们的行为。那么一个国家、一个民族的百姓忠于领袖，这一义务的理性根基是什么呢？孔子之前的时代是分封制的时代，社会秩序和政权形式都是半家族式的，国家多少都像一个家族，百姓觉得忠于国家领袖并不需要什么明确而坚定的根基，因为大家都是同一个氏族或家族之中的成员，从某种程度上来讲，血缘关系或者说天生的感情就已经将他们和国家领袖捆绑在了一起，而国家领袖则是氏族或家族中的族长。但是，正如本人所言，孔子的时代是分封制式微的时代，国家已经超越了家族，国民已不再仅仅由氏族或家族成员构成。这样一来，国中之民效忠君王便需要一个明确、理性而又坚实的新理由。那么，孔子为这项义务找的新根基是什么呢？孔子认为根基便在"名"这个字中。

去年本人身在日本时，日本前文部大臣菊池大麓男爵从《春秋》这部书里摘出"名分大义"四个大字，问我该如何翻译。我将其翻译为"名誉与义务的重要准则"（Great Principle of Honour and Duty）。正因如此，中国人并没有将孔子的学说称为"教"，而是称之为"名教"，即关于名誉的宗教，在汉语中"教"通常用来描述宗教，比如佛教、伊斯兰教和基督教，中国人通过这种方式将儒家与其他宗教区别开来。理雅各博士（Dr. Legge）将孔子学说中的"君子之道"翻译为"上等人的行事准则"（the way of the superior man），在欧洲语言中，与之意思最为接近的便是道德法则，亦即"绅士准则"。实际上，孔子的这一整套哲学和道德体系可以总结成一个词：绅士准则。孔子对这一绅士准则进行了整理，并将其发展为一门宗教，那就是国家宗教。这门国家宗教的首要信仰就是"名分大义"，即"名誉与义务的准则"，或者说是名之法则。

孔子在这一国家宗教里教导人们：君子之道与名分是整个

国家、社会还有文明唯一真正、理性、永恒而绝对的根基。诸位不得不承认人类社会中讲究名分的重要性，即便在座诸位中有人坚信政治之中毫无道德可言。但是，我不敢说诸位都认识到了任何社会都必须讲究名分。有句谚语说得好："窃贼亦知廉耻"，即便是盗贼社会里也讲究名分。任何社会文明若是不求名分，便会立刻崩溃，化为乌有。对此，请容我稍做阐释。举个例子，就好比说日常生活中毫不起眼的街头赌博，如果局上打出了某种花色的卡牌，或者开了骰子，而桌前的赌棍毫无约束，不讲名分的话，这赌局就开不下去。商人亦是如此，他们只有认识到名分并且感受到名分的约束时才会履行契约，否则贸易就无法进行。有人会说，商人若是拒不履约，会被送上法庭。没错，但若没有法庭，又当如何呢？再者说来，法庭会如何让违约的商人履约呢？答案是暴力。其实，人类若是不讲求名分，社会就只能靠暴力暂时维系。但是，本人认为仅靠暴力是无法让社会长治久安的。然而，律师、法官或总统，他们是如何让警察尽职尽责的呢？他们不能使用暴力，那么会利用什么呢？答案只能是警察的名分，否则就只能是欺骗了。

在如今世界之中，律师、政客、法官、总统确实是通过欺骗来诱使警察履行自己职责的，中国亦是如此，这点实在令我汗颜。现代的律师、政客、法官、总统让警察必须尽忠职守，因为这是为社会和国家的利益着想，而所谓的社会利益对警察来说，无非就是能按时领取薪水，若是没有这笔薪水，警察一家人难免挨饿受冻。律师、政客、法官、总统对警察说的话无疑就是欺骗。我之所以称之为欺骗，是因为所谓国家利益，对警察来说是一周十五先令，也就仅仅能让他一家免于饥饿；但是对律师、政客、法官、总统而言，国家利益却意味着每年能拿一两万英镑，豪宅、电灯、汽车及各式各样的奢侈品，而这一切，又是千万劳工用血汗换来的。若是没有名分，赌徒就不会掏干净兜里最后一个子儿，心甘情愿地交给赢家；财产会导致社会贫富差距，若是没有名分，财富就会如赌桌上金钱易手一般转移，毫无道理和约束可言，所以我称之为欺骗。律师、政客、法官、总统大谈国家利益，靠的还是警察潜意识里讲究的名分，这种名分使得警察不仅尽忠职守，而且尊重他人的财产权，即便是一周十五先令的工资也能让他们心满意足，而律师、政客、法官、总统每年却能拿到两万英镑。我之所以说这是欺骗，是因为他们要求警察讲究名分，但现代的这些律师、政客、法官、总统自己坚信政治上毫无道德可言，没有名分可言，他们不仅公然宣称这条原则，更是将之贯彻到底。

大家还记得本人所引卡莱尔的名言："君王有权统御万民，这份权力若非公义神恩，必是邪魔妄谬。"本人认为现代律师、政客、法官和总统欺世盗名的行径简直就是邪魔妄谬。这些现代公务人员惯用这种欺骗伎俩，他们宣称政治上毫无道德可言，而且一直奉行这项原则，同时又会大谈社会利益和国家利益。正是他们这种虚伪狡诈，导致了卡莱尔所言的"众人受苦、天下动乱、人心失神、激进狂躁、冷酷复辟、万众野蛮而堕落、个人愚昧而无知"，这一幕幕今天也都在我们身边上演。简言之，欺骗和暴力，虚伪狡诈和穷兵黩武，律师和警察搅在一起，创造了现代社会中的无政府主义者及无政府主义。暴力与欺骗组合在一起，使人的道德化作怒火，乱党因而用炸弹和炸药疯狂攻击律师、政客、法官和总统。

其实，人们在社会中若是不讲究名分，在政治中不讲究道德，那么这个社会就无法维系，也无法长久。因为，这个社会中被律师、政客、法官和总统欺骗的警察会陷入进退维谷的境地。人们要求他尽忠职守、保障社会的利益，然而，可怜的警察也是社会的一分子，至少对自己和家人而言，他也是社会最重要的一部分。若是有机会不当警察，而是有别的谋生手段，比如说当一个反警察分子，他就能挣更多的钱，也能改善自身和家庭的处境，这也算是一种社会利益。如此一来，警察迟早会得出这样一个结论：既然政治中不讲名分和道德，那么如果有机会能拿到更多酬劳，这也算为社会利益做贡献了，那么就没有理由继续当警察，不如当个革命党或者乱党。一个社会之中，若是警察都得出了为了拿高薪而去当革命党的念头，那这个社会就已经崩溃了。孟子曰："孔子成《春秋》，而乱臣贼子惧。"孔子在此书之中宣扬了自己的国家宗教,并且向世人展示了自己所处的时代已然崩溃——这一时代正如当今一般,公众人物不讲究名分,政治生活之中毫无道德——故曰:"孔子成《春秋》,而乱臣贼子惧。"[14]

言归正传,本人认为社会若是不讲究名分,就无法维系,无法长久。我们已经看到,人类社会之中,即便是赌博、交易这种小事上,也一定要讲究名分,那么在国家和家庭之中,名分将会显得尤为重要,这是人类社会建立的两个最基本的制度体系。众所周知,在各民族的历史上,市民社会通常是伴随着婚姻制度兴起的。欧洲的教会宗教使得婚姻成为一种神圣不可侵犯的圣礼。在欧洲,婚姻圣礼是教会批准的,而教会批准圣礼的权威则是上帝赋予的。但是,这种批准仅仅是流于表面、浮于形式,换句话说,是法律上的批准。而正如我们在没有教会宗教的国家看到的那样,真正内在的、具有约束力的批准是源自名分,以及男女双方的君子之道。孔子曰:"君子之道,造端乎夫妇。"[15]换句话说,只要有市民社会的国家,讲究名分——君子之道——才能造就婚姻制度,而婚姻制度又造就了家庭。

本人说过孔子宣扬的国家宗教是一种名之法则,而这一法则是孔子按照君子之道提出的。其实,早在孔子之前,中国就有不成文的君子之法,这套尚未成形的君子约法就是所谓的礼,即规范有节、品位高雅、行事得体。孔子时代之前中国出过一位伟大的政治家，此人为中国缔造了法度，他就是我们通常说的周公。周公最先确定、整理了君子之道，并将其编成法典，这就是中国的礼。周公编订的这套君子法典称为《周礼》，即周公之礼。周公的这套法典可以说是儒家宗教的前身，就像基督教之前犹太民族的《摩西法典》一样，这部法典可以说是中国人的老派信仰。正是这种老派信仰，使得中国的婚姻神圣不可侵犯。中国人直至今日，结婚之时仍然讲究周公之礼。通过神圣的婚姻制度，中国儒家的前身或者说老派的信仰使得中国人得以组建家庭，这也使得中国的家庭能够稳固长久。因此，我们或许可以将周公之礼称作家庭宗教，从而与后来孔子宣传的国家宗教区别开来。

孔子在他所宣扬的国家宗教中，提出了一项新派宗教，这是相对于孔子时代之前的家庭宗教而言的。换句话说，孔子在自己宣扬的国家宗教里，给君子之道赋予了更新、更广阔、更全面的意义。在孔子之前，中国的婚姻圣礼是由家庭宗教和老派信仰确立的，而孔子通过赋予君子之道更新、更广阔、更全面的意义，创造了新的圣礼。孔子所创的新圣礼不再叫"礼"，而是叫作"名分大义"，本人将其翻译为"名誉与义务的重要准则"。孔子制订了"名分大义"，从而用国家宗教取代了之前的家庭宗教。

孔子之前的家庭宗教是所谓的老派宗教，一家之中的夫妻二人受周公之礼的约束，周公之礼可以维持他们的婚姻契约神圣不可侵犯，同时他们也要绝对遵守周公之礼才行。而在孔子所宣扬的新派国家宗教之下，中国的君王及百姓皆受制于新的圣礼，即名分大义，而所谓的"名分大义"，则来自国家宗教。孔子在自己宣扬的国家宗教中教导众人，提出君民皆应履行他们之间的效忠契约，因为这份契约神圣不可侵犯，需要绝对的遵从。简言之，孔子所创制的这种新圣礼叫作"名分大义"，或者可称为"名之法则"，这是一种关于忠诚契约的圣礼，而此前周公所创制的旧有圣礼，或称"周公之礼"，则是关于婚姻的圣礼。如此一来，孔子为君子之道赋予了更新、更宽广、更全面的意义，同时使此前的家庭宗教有了新派信仰，并且使之成为国家宗教。

换句话说，孔子的这种国家宗教使忠诚契约成为圣礼，一如此前的家庭宗教，使婚姻契约成为圣礼。家庭宗教所缔造的婚姻圣礼对妻子进行约束，使之对夫君绝对忠诚，而孔子宣扬的国家宗教缔造了"名分大义"这种忠诚契约，使得中国人必须绝对忠于君王。因此，这种国家宗教中的忠诚契约圣礼或许应该被称为忠诚信仰或忠诚圣礼。诸位还记得本人曾谈到过君权神授的学说，但是与其说孔子宣扬君权神授，倒不如说孔子宣扬神圣的效忠义务。在中国，欧洲的君权神授理论认为，君主的权力来自"上帝"这种超自然存在，或者其他深奥的哲学，而孔子所宣扬的这种神圣义务或者说绝对义务则与之不同，该学说认为君王的权力来源于君子之道，也就是名分，正如天下妻子都因名分而忠于夫君一般。实际上，孔子宣称百姓有绝对效忠君主的义务，这一义务源自名分，而正是这种名分，使得商人能够遵守诺言履行合同，使得赌徒能够参与赌博，偿还赌债。

家庭宗教是中国的老派宗教，它与各国的教会宗教一样，都通过确立不可侵犯的婚姻圣礼建立家庭；而孔子所宣扬的国家宗教，通过创制全新的忠诚契约圣礼来建立国家。诸位若是认为世上最早制订家庭圣礼和神圣婚姻的人对人类社会和人类文明有卓越贡献，那么肯定会明白孔子制订新型圣礼和神圣的忠诚契约究竟是何等功劳。创建婚姻圣礼可以确保家庭稳定长久，否则人类就将灭亡。而创建忠诚契约圣礼则可以确保国家的稳定与长久，否则人类社会与文明就会崩溃，人类将会重回蛮荒，沦为禽兽。因此，本人认为孔子为中国人所做的最伟大的贡献在于他教给了人们真正的国家观念，这是一个国家的根基，可谓真实不虚，颇具理性，长久恒定，同时又明确无疑，通过教导百姓，孔子为中国人创立了国家宗教。

孔子在《春秋》一书中讲述了这种国家宗教，在书中，孔子首先创制了忠诚契约圣礼，并称为"名分大义"。因此，这种圣礼通常被称作"春秋名分大义"，或者简称"春秋大义"，即史书《春秋》中关于名誉与义务的重要准则，简言之，便是史书《春秋》的重要准则。在这本书中,孔子宣扬神圣的效忠义务,这是中华民族的大宪章(Magna Charta)。书中含有神圣的社会契约,孔子借此使得所有中国人,以及整个中华民族都向君王绝对效忠,而这份契约或者说圣礼是一部名之法则,它不仅是中国国家和政府的唯一真正宪法,更是整个中华文明的唯一真正章程。故而孔子曾表示,后世之人"知我者,其惟《春秋》乎"。

　　本人长篇累牍,颇有博士买驴之嫌,恐已惹诸君烦躁。现在我们切回正题。诸位还记得,我说过广大百姓为什么需要宗教,我指的是欧洲语义中的宗教,这是因为宗教能给人们带来庇护,而这庇护要求信仰全能的上帝,这样他们才能找到生命中的永恒。本人讲过孔子学说的哲学与道德体系,也就是所谓儒家思想,这种体系可以取代宗教,使得广大百姓在生活中不再需要宗教。因此,在儒家思想中一定有与宗教相同的成分,可以使广大百姓感到安全与永恒。如今,我想我们已经找到了这种成分,那便是忠君圣义,这种学说保留在孔子带给中华民族的国家宗教之中。

　　诸位应该可以理解这种绝对的忠君圣义在全中国的男女老少心中究竟如何,它使得君权在百姓心中变得绝对明晰、至高无上、超越一切、无所不能;而这种对绝对明晰、至高无上、超越一切、无所不能的君权的信仰让中国的广大百姓感到安全,这与其他国家百姓信仰宗教中的上帝所带来的安全感是一样的。人们信仰这种君权，也保证了中国人心中国家的绝对稳定与长久。而国家的这种绝对稳定长久又可以保证社会绵绵长存，最终使得中国人打心底里认为中华民族永世长存。民族长存的信念源自对君权的信仰，而对君权的信仰则源自忠君圣义，其他国家民众信仰来世，以此来感受永恒，而忠君圣义也可以给中国的百姓带来这种感觉。

容我赘言，孔子所宣扬的忠君圣义保证了民族的长存不灭，而儒家所宣扬的祖先崇拜也保证了家族之中种族能够延续不绝。确切来讲，中国人的祖先崇拜是建立在种族延续的基础之上，而非建立在来世信仰的基础之上。中国人临终之际，能够使其感到慰藉的并不是自己能够过上来世生活，而是自己最亲最爱的子孙后代能够永远铭记他，并且永远思念自己、敬爱自己。如此一来，在中国人的想象中，死亡就像一场漫长的旅行，只不过"无缘"与亲友再度相见了。儒学中的祖先崇拜与忠君圣义使中国人在世之时得以感受永恒，而濒死之际又能得到同样的慰藉，而这些在其他国家是要靠宗教中的来世信仰获得的。正因如此，中国人才把祖先崇拜和忠君圣义看得同等重要。孟子云："不孝有三，无后为大。"孔子所宣扬的国家宗教体系中，只讲究两点，那就是"忠"和"孝"。其实，中国儒家或者说国家宗教里讲究三条信念，中文叫"三纲"，若是按照重要性排序，那么排在首位的是要求绝对忠君，第二条是要求孝顺双亲、敬拜祖先，第三条则是认为婚姻神圣不可侵犯、妻子绝对服从于夫君。后两条本人已在家庭宗教部分谈过，这是孔子之前中国老派信仰中的内容。但是，第一条要求绝对忠君，孔子最先强调这一点，并且通过自己新派的国家宗教将之告于世人。在儒家思想中，三纲之首是绝对忠君，而所有宗教中的首要信条则是信神，忠君思想与信神思想同等重要，而且在儒家中它取代了信神思想。正是由于儒家思想中有类似宗教中信神的内容，儒家才能取代宗教，让广大中国百姓才觉得不需要宗教。

现在诸位会产生疑问，自己信奉宗教，那么就可以凭借"上帝"的权威来遵从道德准则，但是若不像宗教中宣传的那样信仰"上帝"，如何才能使广大百姓遵从孔子所提倡的道德准则，即绝对的忠君呢？在我回答你们的疑问之前，请允许我先指出一点错误，那就是人们坚信"神"的权威能够使人遵守道德准则。欧洲神圣的婚礼是经由教会批准的，而教会说他们的权威来自"上帝"。但是，本人认为这只不过是一种表面形式而已。真正批准婚姻的是名分，即男女之间的君子之道，这点在没有教会宗教的国家都可以看到。因此，真正使人遵守道德准则的是道德感，也就是君子之道，而使人遵守道德准则并不需要信仰"上帝"。

正是因为这些事实，上世纪诸如伏尔泰、托马斯·潘恩

（Thomas Paine，1737—1809）[1]等怀疑论者，以及当今的海勒姆·马克沁（Sir Hiram Stevens Maxim，1840—1916）[2]一类的理性主义者表示：信神就是一场骗局，创立宗教的人发明了这场骗局，祭司们则在维持骗局。但在本人看来，这只不过是粗鄙荒唐的诽谤罢了。所有的伟人，所有的智者没有不信神的。孔子也信神，但他很少会讲出来。即便是拿破仑这样有丰富实践知识的人都信神。正如赞美诗的作者所言："只有粗鄙浅薄的愚夫才会认为世间没有神。"然而，大智之士对神的信仰与普通大众不同。他们对神的信仰与斯宾诺莎的观点类似，认为信仰的是宇宙的神圣秩序。孔子曰："五十而知天命。"[16]，他所知的就是宇宙的神圣秩序。大智之士对这种宇宙神圣秩序的称呼各有千秋。德国人费希特（Johann Gottlieb Fichte，1762—1814）[3]称之为"神圣宇宙观"；在中国的哲学语境里，则称之为"道"。然而，无论大智之士如何称呼这种宇宙神圣秩序，对这种宇宙神圣秩序的认知使得大智之士能够看到，遵守道德准则的绝对必要性，而这道德准则，也是宇宙神圣秩序中的一部分。

因此，尽管人们遵从道德准则未必需要信神，但要想明白遵守道德准则的绝对必要性，就必须信神。大智之士正是明白

1　托马斯·潘恩：英裔美国政治活动家、哲学家、政治理论家、革命家。
2　海勒姆·马克沁：英裔美国发明家，曾编写《李鸿章拾零》。
3　约翰·戈特利布·费希特：德国哲学家。

了遵守道德准则的绝对必要性，才会遵从道德的原则。孔子曰："不知命无以为君子也。"[17]没有大智的广大百姓，是无法参悟宇宙神圣秩序的，也无法理解遵守道德准则的必要性。诚然，如马修·阿诺德所言："人们首先将道德准则理解为一种观念，然后将其当作法则严格遵守，只有圣贤才能如此。然而，广大百姓既不能理解这种观念，也无力去践行这种法则。"正因如此，柏拉图、亚里士多德、赫伯特·斯宾塞的哲学与道德学说只有学者才知道其中的价值。

宗教的价值在于能够让广大凡夫俗子严格遵守道德准则。但是，宗教又是如何做的呢？人们会想，宗教教人信神，所以能使人遵守道德准则。但本人此前也讲过，这是大错特错。真正让人遵从道德准则的唯一权威就是自身的君子之道。孔子曰："道也者，不可须臾离也；可离，非道也。"耶稣基督布道时说："神的国就在你们心里。"因此可以看出，人们认为劝人信神的宗教让人遵守道德准则是一个大错。马丁·路德在评《但以理书》时赞美道："信任、虔诚、希望、热爱托于心间，则上帝与之同在。所托不虚则上帝必真，所托不真则上帝必虚。"因此，宗教宣扬的上帝只是一种寄托而已，或者如本人所言，是种庇护。然而，路德也表示："这种寄托，即信仰上帝必须为真，否则寄托与信仰皆为虚幻。"换言之，信仰上帝必须对上帝有真正的认识，对宇宙神圣秩序有真正的了解，我们知道，只有大智之士才能做到，广大百姓很难做到。因此，宗教宣扬信神，人们认为这样可以使广大百姓遵守道德准则，这其实只是梦幻泡影罢了。人们应该把这种对神的信仰，或者说宗教所宣扬的宇宙神圣秩序称作一种信仰，称作一种信任，或者如我所说，称作一种庇护。然而，这种庇护虽然如梦幻泡影，却能帮助人们遵守道德准则，因为信神可以使广大百姓感到安全、感到永恒。歌德说："宗教所宣扬的信仰上帝可以名之曰虔诚（Frömmigkeit），这并非宗教的宗旨，而只是一种手段，它可以让人平心静气（Gemüthsruhe），以达到至臻至善的境界。"换句话说，宗教宣扬信神，可以让人们在生存时感受到安全与永恒，因而人们得以头脑冷静，气定神闲，能够去感受道德或者君子之道，而这也是真正能让人们遵守道德准则的唯一权威。

如果说宗教宣扬信神只是有助于人们遵守道德准则，那么宗教想要让人们，让广大百姓遵守道德准则，主要又是依靠什么呢？答案是启发。马修·阿诺德表示："高贵的灵魂无论信仰如何，无论是异教徒恩培多克勒（Empedocles，约公元前495—约公元前435），还是基督徒圣保罗，都承认启发的重要性，这种鲜活的感情能使人的道德行为至真至美。"这种启发，或者说鲜活的宗教感情，是最重要的宗教美德，宗教要依靠它来使广大百姓遵守道德准则，那么这种启发究竟如何呢？

诸位还记得，本人讲过孔子学说的整个体系可以归结为君子之道，欧洲语言中与之最相近的就是道德法则。孔子将君子之道称为隐道[18]。孔子曰："君子之道费而隐。"孔子又说："夫妇之愚，可以与知焉，及其至也，虽圣人亦有所不知焉。夫妇之不肖，可以能行焉，及其至也，虽圣人亦有所不能焉。"歌德也知晓这一隐道，他将孔子所言君子之道称为"公开的秘密"。人类又是如何发现这一秘密的呢？诸位可还记得，孔子认为，认识君子之道，必先清楚夫妻之间的关系，这也是婚姻之中男女间最真实的关系。因此，歌德所言"公开的秘密"，以及孔子所言君子之道最早是在夫妻婚姻中发现的。那么问题又来了，夫妻是如何发现君子之道这一秘密的呢？

本人讲过，欧洲语言中与孔子君子之道最相近的词是道德法则。而孔子宣扬的君子之道和道德法则之间有什么区别呢？我所谓道德法则是哲学家、伦理学者讲的道德法则，而不是宗教或布道士所宣扬的道德法则。我们不妨先了解一下哲学家、伦理学家所谓道德法则与宗教信仰之间的区别，这样才能方便我们理解孔子所说君子之道与哲学家、伦理学者所谓道德法则的区别。孔子曰："天命之谓性，率性之谓道，修道之谓教。"[19]依孔子所言，宗教与道德法则——指哲学家、伦理学家的道德法则——之间的区别在于：宗教这种道德法则精纯而有序，深奥而高远。

哲学家的道德法则告诫我们要遵循人的理性。所谓理性，一般理解为思维能力，可以使人细思慢想，进而分别外物的属性与品质。所以，理性只能让我们看清道德关系中能够明确界定的属性、品质、传统、道义、僵硬的外在形式、正义的载体，等等。单靠理性，我们无法看到正义的本质，这本质绝对而纯粹，鲜活而无形，换句话说，我们无法看到正义的生命或者说灵魂。因此，老子曰："道可道，非常道。名可名，非常名。"[20]伦理学家的道德法则再度告诫我们，要遵循自身的法则，也就是所谓的良知，或曰良心。但是，希伯来《圣经》里的智者认为，人的内心充满机巧。当我们认为良知就是自身法则，想要遵循良知之时，我们很可能追随的并不是正义那难以名状的本质灵魂，而是那人心中的机巧。

换言之，宗教让人遵循自身的法则，我们应该遵循真正的法则，而不是自身的兽性或欲望法则，即圣保罗所言"体贴肉体"的法则，也不是奥古斯特·孔德（Auguste Comte, 1798—1857）[1]的门生利特尔[2]先生所言"自保与繁衍"的法则。真正的法则是如圣保罗所言"体贴圣灵"的法则，也就是孔子所说的君子之道。简单来讲，宗教告诫我们应当遵从的自身法则，如基督教所说是我们心中的"天国"。如此一来，我们可以看到，

1　奥古斯特·孔德：法国哲学家、作家，创立了人类行为学学科。
2　埃米尔·马克西米利安·保罗·利特尔（1801—1881）：法国词典编纂者、共济会成员、哲学家。

宗教是一种精纯空灵、秩序井然的道德法则，比哲学家和伦理学家的道德法则更为深奥高远，这点与孔子的观点相仿。因此，耶稣基督说："你们的义（或者说道德）若不胜于文士和法利赛人（即哲学家与伦理学家），断不能进天国。"

孔子的君子之道如同宗教一样，也是精纯有序的道德法则，比哲学家和伦理学家的道德标准更为深奥高远。哲学家和伦理学家的道德准则告诫我们，必须遵从自身的道德规律，也就是哲学家口中的理性，以及伦理学家口中的良知。但是，宗教及孔子的君子之道告诫我们必须遵循真正的法则，即爱默生所言"内心纯朴"之人的法则，而非市井俗人心中的法则。其实，若要了解君子之道，必须先成为君子，成为爱默生所说内心纯朴之人。因此，孔子曰："人能弘道，非道弘人。"[21]

孔子认为，我们只要研习并尝试获取君子的美好感情，以及高雅品位，就可以明白什么是君子之道。所谓的高雅之"礼"，有礼仪、礼数、礼貌之意，但是这个词实际是高雅品位的意思。当这种君子的美好感情，以及高雅品位应用于道德行为时，就成了名分。实际上，孔子的君子之道最核心的内容就是名分。这种名分，也就是孔子所说的君子之道，与哲学家、伦理学家的道德法则不同，因为他们的道德法则是一种僵硬刻板的是非形式。君子之道更像基督教《圣经》里面所讲的"义"（Righteousness），这是正义的绝对本质，这种本质出于本能，鲜活灵动,难以名状,而正义的生命与灵魂就叫作"名"。

现在我们可以回答之前的问题:男女夫妻究竟是如何发现歌德所说的秘密,也就是孔子说的君子之道的?他们能发现这个秘密,是因为他们具备君子的美好感情及高雅品位,这些在道德行为领域叫作名分,可以使他们看清正义那难以名状的绝对本质,看清正义的生命和灵魂,也就是名。但究竟是什么启发了他们,让他们能够拥有这种美好感情及高雅品位,从而得以看清名这种正义的灵魂呢?儒贝尔[1]曾有妙语:"人只有爱自己的邻居,才会公正地对待邻居(Les hommes no sont justes qu'envers ceux qu'ils aiment)。"由此可知,是爱启发了男女夫妻,让他们看见了儒贝尔所言的公正、正义的灵魂,歌德所言公开的秘密及孔子所言君子之道,可以说,君子之道生于男女之间的爱;掌握了这把密钥之后,人类便可以构建社会与文明,也能创建宗教、追寻神明。如此一来,便可以明白歌德借浮士德[2]之口说出的一段信仰自白,开头说道:

苍天不是穹隆于上?
后土不是静凝于下?

---

1 约瑟夫·儒贝尔(1754—1824):法国伦理学家、散文家。
2 浮士德:古典德国传奇中的主人公,其历史原型是约翰·格奥尔格·浮士德(1480—1540)。

现在我告诉诸位，人们之所以遵循准则，并非因为对神的信仰。真正能使人遵守道德准则的是君子之道，也就是宗教里所说心中的"天国"。因此，君子之道才是宗教的生命之所在，信神也好，遵从道德准则也罢，可以说都只是宗教的载体。但是，如果宗教的生命在于君子之道，那么宗教的灵魂和启发之源就是爱。这种爱不仅仅是人类早先知道的男女之间的爱，它包括所有真实的人类情感，既有亲子之情，又有对众生的慈悲同情、仁爱怜悯；归结起来，可以用中文中的"仁"字概括，在欧洲语言中与之最为接近的则是基督教术语中的"圣"（godliness），因为这是人性中最接近"神"的品质，而用现代的话来说就是人性，是人性之爱，或者一言以蔽之，曰爱。简单来说，中文中的"仁"便是宗教的灵魂及启发之源，诸位可以名之曰"爱"，也可以随意为之命名，这种感情最早便是始于男女之爱。这便是宗教的启发，是最重要的宗教美德，只有依靠这种宗教美德，广大百姓才能遵从道德准则，以及宇宙神圣秩序中的道德法则。孔子曰："君子之道，造端乎夫妇。及其至也，察乎天地。"

现在我们已经明白，宗教之中存有启发与鲜活的情感。但是，宗教之中的启发与鲜活的情感未必只存在于宗教之中，当然本人指的是教会宗教。凡是能够克服自利与恐惧的人都能够明白这种启发或情感。其实，宗教中的这种启发或情感在人类的各种行为中都有所体现，而激发这些情感的并不是自利和恐惧，而是名分大义。这种启发或情感并不仅仅存在于宗教中，但是各大宗教的创始者留下的道德准则中有这种启发，哲学家、伦理学家的道德准则中却没有，这便是宗教的价值所在，正如马修·阿诺德所言，它照亮了准则，方便人们去遵守。但是，教规准则中的启发和情感并非仅仅存在于宗教中。所有文学巨匠，尤其是诗人，他们的文字中也充满了宗教的这种启发和情感。比如上文我引用的歌德的作品中，就有这种启发与情感。不过，广大百姓很难接受文学巨匠的话，因为文学巨匠学富五车，广大百姓无法理解他们说的话。而世上各大宗教的教主却有一大优势，因为他们大多学识不深，讲的语言也通俗易懂，平头百姓都能听明白他们的话。因此，世上各大宗教的真正价值在于可以向广大百姓传达宗教中的启发与鲜活的情感。要想了解这种启发和鲜活的情感是如何进入世界各大宗教的，就必须先了解世界上宗教是怎样产生的。

我们知道，世上各大宗教的教主天生就有着异常强烈的情感。这种异常强烈的情感可以让他们热切感受到爱和人类的感情，而爱和人类感情正如本人之前所说，是宗教的启发之源，是宗教的灵魂所在。这种热切的感觉和爱意可以让人们清楚地看到正义的绝对本质，而这本质也就是正义的灵魂，人们称之为"义"，人们知晓正义的绝对本质后，则可以洞晓世间是非诸法，一览道德法则。由于教主天生情感强烈，因而想象力也十分丰富，可以不知不觉地将道德法则人格化，使之成为全能的超自然存在。这种全能的超自然存在是教主想象中道德法则的化身，他们将其命名为"神"，坚信自身感受到的热切感情和人类爱意便是来自神。这样一来，启发与鲜活情感就进入了宗教之中。这种启发照亮了宗教的道德准则，道德准则这条路笔直狭窄，广大百姓在这条路上必须有这种启发来提供情感动力。若说只是提供启发和鲜活情感，来照亮道德准则以便人们去遵循，这并非宗教的全部价值。世上各大宗教的价值在于能够建立宗教组织去唤醒、激发、鼓励大众，使人们能够受到启发和鲜活情感的影响，从而遵守道德准则。这种组织在各大宗教中称为教会（Church）。

不少人坚信，建立教会是为了教人信神，这可谓大错特错。正是因为现代基督教会这种谬误，现代的基督教会才让弗劳德[1]先生这样的诚实之人倍感厌恶。弗劳德先生表示："我在英国听过数百次布道，内容无非是信仰的奥秘，教士的使命，使徒的传承而已，但我记不得有讲过'不可诳语''不可偷盗'一类诚实朴素的戒律。"本人十分尊重弗劳德先生的观点，但他认为基督教会应该教人们道德，这点恕本人不敢苟同。建立教会的初衷无疑是想让人们遵守道德准则，比如"不可诳语""不可偷

---

[1] 詹姆士·安东尼·弗劳德：英国历史学家、小说家、传记作家、撰稿人。

盗"等。但是各大宗教教会的真正职能并不是教人道德，而是教人信仰，不是教人"不可诳语""不可偷盗"一类死板的教条规范，而是要用启示和鲜活的情感使人遵守道德准则。所以说，教会的真正职能并非教人道德，而是去启发人的道德，启发人们去遵守道德，其实也就是用鲜活的情感唤醒人，使人讲究道德。换言之，各大宗教的教会是一种组织，可以唤醒人心中鲜活的情感，使他们受到启发，遵守道德准则。那么，教会又是怎样做到这一切的呢？

众所周知，世上各大宗教的教主不仅会启发人们去遵守道德准则，也会激励自己的直系门徒，让他们无限敬爱、崇拜教主本人和教主的品格。初代宣教之人辞世之后，直系门徒为了延续这种对他们的无限敬爱与崇拜，于是便创立了教会。这便是世上各大宗教中教会的起源。这样一来，教会便唤醒了人们心中鲜活的情感，启发他们去遵守道德准则，其方式则是激发并保持人们对初代宣教之人及教主的无限敬爱与崇拜，这些感情则是直系门徒们最初所感受到的。人们不仅认为信仰上帝是一种忠诚，还认为信仰宗教本身也是一种忠诚，但这是忠于何人呢？答案是初代宣教之人和教主……正如我此前所说，是一种对初代宣教之人及教主的无限敬爱与崇拜，而教堂可以延续并激发这种感情。这种感情堪称世上各大宗教的启发之源，这种真正的力量能让广大百姓遵从道德准则。[22]

本人讲了这么多，现在可以回答诸位刚刚的问题了。诸位会有疑问，若是不信"神"，那该如何让广大百姓遵从孔子国家宗教中的道德准则，也就是绝对忠君呢？本人已向诸位阐明，使人遵从道德准则的力量并非来自宗教中对"神"的信仰。宗教之所以能使人遵从道德准则，所借助的是教会组织，它可以激发人们的情感，让人们感到必须遵从道德准则。回答诸位的问题时，本人将向诸位介绍一下孔子的学说体系，也就是所谓"儒家"，即中国的国家宗教，它与其他国家的教会宗教一样，可以使人遵从道德准则，其手段也是利用一种类似教会的组织。在中国的儒家中，这一组织便是"学校"。中国的学校就是孔子国家宗教中的教会。中文里的"教"字，既是宗教的"教"，又是教育的"教"。实际上，中国的教会是学校，而中国人也认为宗教是教育，是文化。中国学校的设立目的与现代欧美不同，其目的不在于教人谋生赚钱，而是像教会宗教那样，教授弗劳德先生所说的朴素戒律，比如"不可诳语""不可偷盗"等。其实也就是劝人从善。约翰逊博士（Dr. Johnson）表示："无论我们是想学习行为还是言语，无论我们是想经世致用还是陶冶身心，首先要明辨宗教与道德上的是非对错，其次是了解历史，知晓那些能体现真理的事件。"

我们都清楚，教会宗教中的教会可以激发人内心鲜活的情感，启发人去遵从道德准则，靠的则是人们对初代宣教之人，以及教主的无限敬爱与崇拜。中国的学校，也就是孔子国家宗教的教会，与其他国家教会宗教中的教会是有所不同的。中国的学校，也就是国家宗教的教会，确实可以像教会宗教中的教会一样，唤醒并激发人们内心鲜活的情感，启发人去遵从道德准则。但是，中国学校唤醒人们情感的方式与其他国家教会宗教中的教会还是有区别的。为达到唤醒人们内心鲜活情感的目的，孔子国家宗教的教会，也就是学校，并不会激发人们对孔子无限的敬爱与崇拜。孔子在世之时，确实曾激发过弟子们无限的敬爱与崇拜，孔子死后，鸿儒硕彦研习孔门学说，也受到了同样的感染。但是，孔子生前身后都没有启发广大百姓对自己有无限的敬爱与崇拜，而世上各大宗教的教主却都激励人们去这样做。……从这一层面讲，孔子并不属于宗教的教主。要想成为欧洲语义中的教主，人必须天生就要有异常强烈的情感。孔子生活在周朝，周朝之前的朝代是商朝，而孔子是商朝王族的后裔，商人天生就有着强烈的感情，就如同希伯来人一样。但是，孔子活在周朝，周人天生善用头脑，就如同希腊人一般，周朝的代表人物就是周公，本人之前讲过此人，此人是孔子之前中国老派信仰的创立者。打个比方，孔子是一个希伯来人，具有希伯来人天生的强烈感情，却接受了最好的希腊知识文化教育。中国人将孔子视为最完美的人，视为中国文明之下真正的中国人,就像当今欧洲人将伟大的歌德视为最完美的人,视为欧洲文明之下真正的欧洲人一样。孔子与歌德一样,有着极深的学识素养,并不属于教主之流。其实,孔子生前除了最亲近的弟子之外,其他人并不认为他有多伟大。

本人认为,中国的学校,也就是孔子国家宗教的教会,并不会唤起人们对孔子无限的敬爱与崇拜,进而激发人们心中鲜活的情感,启发人们遵守道德准则。那么,中国的学校是怎样激发人们鲜活的情感,启发人们遵从道德准则呢?孔子曰:"兴于诗,立于礼,成于乐。"中国国家宗教的教会,也就是学校,可以教人诗歌,以此来激发人们心中鲜活的情感,启发人们遵从道德准则。正如本人所言,所有文学巨匠的作品都能像宗教一样启发人们去遵从道德准则。马修·阿诺德谈论荷马及其诗时说道:"荷马及少数文学大家的诗作中蕴含着高尚的品质,可以陶冶情操,修饰人性,令人气质为之一变。"其实,在中国的国家宗教教会中,也就是在学校里,人们会思考一切真实、正义、纯洁、优秀、美好的东西,学校教人们思考这些东西,激发他们心中鲜活的情感,启发人们遵从道德准则。

本人曾告诉过诸位,广大百姓并不能理解荷马一类文学巨匠的诗作,因为文学巨匠受过良好的教育,广大百姓并不能懂他们的语言。如此一来,孔子的儒家学说作为中国的国家宗教,又是怎样激发人们心中鲜活的情感,启发人们遵从道德准则的呢？本人讲过，孔子国家宗教中的学校相当于教会宗教中的教会。但这其实并不完全正确，孔子国家宗教中真正相当于其他国家教会的是家庭。中国国家宗教中真正的教会是家庭，而学校只是其附属。每户家中都有祖宗牌位和宗祠，而每村每镇都有自己的祖宗祠庙，这才是国家宗教中真正的教会。本人曾向诸位指出，世上各大宗教之所以能让广大百姓遵从道德准则，是因为它们可以激起人们对初代宣教之人和教主的无限敬爱与崇拜，而这一职能是由教会来行使的。中国国家宗教能够使广大百姓遵从道德准则，其真正的动力源泉在于"爱父母"。基督教会讲究"爱基督"，而中国国家宗教的教会则讲究"爱父母"。圣保罗说："凡称呼主名的人，总要离开不义。"汉代的《孝经》可以说是中国的《圣经》，书中认为："爱亲者，不敢恶于人。"简言之，基督教这种教会宗教的动力之源在于爱基督，而中国儒家这种国家宗教的动力之源在于"爱父母"，也就是"孝"，同时还在于对祖先的崇拜。

孔子曰："践其位，行其礼，奏其乐，敬其所尊，爱其所亲，事死如事生，事亡如事存，孝之至也。"又赞成"慎终追远，民德归厚矣"。儒家作为中国的国家宗教，就是这样激发人们心中鲜活的情感，启发人们遵从道德准则的。儒家的诸多道德准则之中，最重要的至高准则便是绝对忠君，就好比世上各大宗教之中，最重要的至高准则是对神的敬畏。换言之，基督教这种教会宗教的观点是："敬畏耶和华……不违背他的命令。"而孔子的国家宗教的观点则是："尊崇君王，不违君命"。基督教认为："要想敬畏上帝并且不违背他的命令，就必须先爱基督。"而儒家则认为："要想尊崇君王并且忠于君王，就必须先爱父母。"

现在我已向诸位阐明，为何自孔子以来，两千五百年间中国人未曾发生过心灵与头脑的冲突。原因就在于，中国的广大百姓并不需要宗教，不需要欧洲语义中的宗教；而中国人不需要宗教，是因为儒家之中有些内容可以取代宗教。这内容即是绝对忠君，即是名分大义，孔子为中华民族带来了国家宗教，又通过国家宗教来宣扬名分大义。孔子对中国人的最大贡献就在于给中国人带来了国家宗教，并且借此宣扬绝对忠君的观念。

本人已经讲了不少关于孔子及其对中华民族贡献的问题，因为这与我们当前的议题有着密切的联系，当前我们讨论的即是中国人的精神。希望通过此次演说，诸位能明白，中国人，尤其是受过教育的中国人，若是背弃了中国国家宗教中的名分大义，背离了忠君圣义，那么此人即丧失了中华民族精神，不配再当真正的中国人。

最后，请允许我总结一下我们今天的议题，也就是中国人的精神，或者说，究竟怎样才算真正的中国人。本人已向诸位阐明，真正的中国人拥有成年人的理智和孩童般纯朴的心灵，所谓中国人的精神，就是灵魂与头脑的完美结合。若是研究一下中国人的文艺作品，就会发现这种灵魂与头脑的完美结合会让中国人变得怡然自得。马修·阿诺德有一段话是评论《荷马史诗》的，这句话也非常适用于中国文学，他说："伏尔泰的作品难以深触人心，而这部作品却可以深深触及人类的自然之心，同时，其表述则如伏尔泰一般，简单朴实，又颇具理性，可谓令人钦佩。"

马修·阿诺德认为，古希腊最优秀诗人的诗就像集想象与理性于一身的女祭司。而中国人的精神也在优秀的文艺作品中有所体现，这也就是马修·阿诺德所说的集想象与理性于一身。马修·阿诺德说："晚期异教[1]徒之诗切于感而通于理；中古基督徒之诗则抒其心而放其神。然而，若是说到其精要之处，现代精神的生命和现代欧洲精神的精要既不求感知理解，也不求抒心放神，而是集想象与理性于一身。"

若是马修·阿诺德的说法属实，即现代欧洲人的精神的精要在于集想象与理性于一身，那么诸位就能明白中国人的精神对欧洲人而言是多么可贵，这一精神也就是马修·阿诺德所说的集想象与理性于一身。这种精神价值非凡，十分重要，诸位应当去理解、去热爱，而非去忽略、去轻视、去摧毁它。

本人在做最后总结之前，想要告诫诸位。当诸位思考本人

---

[1] 异教是公元4世纪早期基督教徒的用语，异教徒指罗马帝国崇奉多神教的人。

所阐释的中国人的精神时，应当记住，这并非科学，亦非哲学，也不是神学，更不是布拉瓦茨基夫人[1]或贝赞特夫人[2]所说的什么"主义"。中国人的精神甚至也不是诸君所谓"头脑作用"。本人想要告诉诸位，中国人的精神是一种思维状态，是一种灵魂之性，无法用速记或学习世界语的方法去把握，简言之，这是一种心境，若是用诗化的语句来表达，那就是恬淡而如沐天恩的心境。

最后请允许我在此引用几句诗歌，其作者是最有中国风骨的英国诗人华兹华斯[3]，用这些诗句来描述中国人恬淡而如沐天恩的心境，可以说比我之前的发言都要贴切。这些诗句可以给诸位展示中国式的人将心灵与头脑完美结合，那种恬淡而如沐天恩的心境使得真正的中国人拥有难以名状的温良。华兹华斯正在《廷腾寺》[4]中写道：

> 我同样深信，是这些自然景物
> 给了我另一份更其崇高的厚礼——
> 一种欣幸的、如沐天恩的心境：

1　海伦娜·彼罗夫娜·布拉瓦茨基（1831—1891）：俄国眼科医生、哲学家、作家，于1875年创立通神学会。
2　安妮·贝赞特（1847—1933）：英国社会神学家、女权活动家、作家。
3　威廉·华兹华斯（1770—1850）：英国浪漫主义代表诗人。
4　廷腾寺：公元1131年5月9日沃尔特·德·克莱尔修建的修道院。

> 在此心境里，人生之谜的重负，
> 幽晦难明的尘世的如磐重压，
> 都趋于轻缓；在此安恬心境里，
> 爱意温情为我们循循引路，——
> 直到这皮囊仿佛终止了呼吸，
> 周身的血液仿佛不再流转，
> 躯壳已昏昏入睡，我们成了
> 翩跹的灵魂；万象的和谐与怡悦
> 以其深厚的力量，赋予我们
> 安详静穆的眼光，凭此，才得以
> 洞察物象的生命。

恬淡而如沐天恩的心境可以让我们洞察物象的生命，这即是所谓集想象与理性于一身，即是中国人的精神。

中国的女性

英国下议院曾经有人提出议案，认为男性可以娶亡妻的妹妹，而《圣经》中也有一则相关的辩论，有人以此来支持这项提案，马修·阿诺德对此评论道："印欧民族有着缪斯女神，讲究骑士侠义，也信圣母马利亚，而闪米特人的所罗门王有妃七百、嫔三百，若是真正从女性的天性、理想的女性，以及男女的关系角度考虑问题，谁会相信典雅聪慧的印欧民族能从闪米特人身上找答案呢？"

本人欲从上文中借用"理想女性"这一说法来阐明我的问题。那么，中国理想的女性究竟如何呢？中国人理想中女性的天性，以及她们与理想的关系又如何呢？本人虽然非常尊重马修·阿诺德的观点，非常尊重他所属的印欧民族，但在继续展开之前，本人想要指出，虽然闪米特人、古希伯来人的所罗门王有妃七百、嫔三百，但古希伯来人的理想女性并没有马修·阿诺德所说的那样恐怖。我们不妨从古希伯来人的作品中管窥一下他们的理想女性："才德的妇人，谁能得着呢？她的价值远胜过珍珠。她丈夫心里倚靠他，必不缺少利益，她一生使丈夫有益无损。她寻找羊绒和麻，甘心用手做工……未到黎明她就起来，把食物分给家中的人，将当做的工分派婢女……她手拿捻线竿，手把纺线车……她不因下雪为家里的人担心，因为全家都穿着朱红衣服……她开口就发智慧，她舌上有仁慈的法则。她观察家务，并不吃闲饭。她的儿女起来称她有福，她的丈夫也称赞她。"

如此看来，本人认为闪米特民族的理想女性并没有那么可怕。她们没有印欧人理想中圣母马利亚和缪斯那样缥缈绰约，但是不得不承认，圣母马利亚和缪斯只适合做成画像挂在房间里，但若是让缪斯拿扫帚去扫地，让马利亚去下厨，那么屋里肯定一团脏乱，早晨必然要饿肚子。孔子曰："道不远人，人之为道而远人，不可以为道。"[23] 希伯来的理想女性即便不能与圣母马利亚和缪斯比肩，但与当今欧美的印欧民族理想女性相比还是绰绰有余的。本人不想谈论英国那些提倡女性参政的人。

可以将古希伯来的理想女性与现代小说中的理想女性对比一下，比如小仲马笔下的茶花女。顺便一提，小仲马这部小说中，女主人公出淤泥而不染，是一位极佳的理想女性，所有译成中文的欧洲文学作品中，这部小说在现代中国最受欢迎，这也是颇为耐人寻味的。这部中文名为《茶花女》的法国小说几经改编，成为戏剧，在中国各大剧院都有上演。闪米特民族的理想女性不因下雪为家里的人担心，因为她让全家都能穿上朱红衣服；当今印欧民族的理想女性，也就是茶花女，她无家无眷，根本不用考虑家人的冷暖，只顾自己朱衣华服，还要在胸前戴上一朵茶花，若是对比一下这两种理想女性，就不难理解什么是真实的文明，什么是浮华的文明。

不仅如此，古希伯来的理想女性手拿捻线竿，手把纺线车，观察家务，并不吃闲饭；而现代的中国新女性却指按钢琴，手捧鲜花，体挂贴身黄裙，头戴艳俗金饰，在儒联会馆中大出风头，而下面人群则是三教九流鱼龙混杂，若是把这两种女性一对比，就不难发现，现代中国在背离文明的路上越走越远了。女性可谓民族中的文明之花，能体现该民族的文明程度。

那么，我们回到原来的问题上，中国的理想女性究竟如何？本人的回答是，中国的理想女性与上述古希伯来理想女性的本质是一样的，但还是有一个重要的差别，这点本人稍后再讲。中国和希伯来的理想女性既不是挂在屋里的画像，也不能只让男人搂着、供着过一辈子，中国理想的女性是手持扫帚打扫房屋的妇人形象。实际上，汉字中的"婦"字就是一个"女"字旁加一个扫帚的"帚"组成的。在文言文中，妇女的职责是"主中馈"。所有真实不虚的民族，诸如古希伯来人、古希腊人、古罗马人，这些民族之中真正的理想女性本质上与中国的理想女性都一样，那就是家庭主妇，德语叫 Hausfrau，法语叫 la dame de ménage 或 chatelaine。

接下来我们详细谈一谈古代流传下来的理想女性，归结起来就是三从四德。何为四德？一曰妇德，二曰妇言，三曰妇容，四曰妇功。所谓妇德，并不要求女子才明绝异，而是要求女子幽娴贞静，守节整齐，行己有耻，动静有法。所谓妇言，并不要求女子辩口利辞，而是要求女子择辞而说，不道恶语，时然后言。所谓妇容，并不要求女子颜色美丽也，而是要求女子盥浣尘秽，服饰鲜洁。所谓妇功，并不要求女子技巧过人，而是要求女子专心纺织，不好嬉笑，洁齐酒食，以供宾客。这四条对妇女言行的根本要求出自《女诫》，其作者是东汉著名史家班固的妹妹曹大家[1]，或作曹大姑。

那中国理想女性的三从又是什么呢？实际上指的是三种自我奉献，或者说是"为某某而活"。这也就是说，未嫁时要为父亲活，即在家从父；出嫁后要为夫君活，即出嫁从夫；丈夫去世后则要为儿子活，即夫死从子。实际上，中国女性的根本并不在于为自己活，也不在于为社会活；不在于去进行改革，也不在于去当"天足会"的会长；甚至不在于成圣，也不在于与世为善；中国女性的根本在于成为孝女、贤妻、良母。

曾有位外国的女性朋友写信问我，中国人是否真的像穆斯林一样认为女性没有灵魂。我回信讲道，中国人并不认为女性没有灵魂，而是认为真正的中国女性是无私无我的。说起中国

---

[1] 曹大家（45—117）：东汉女史学家、文学家。

女性这种无私，有个比较难的问题我不得不谈一下。这个问题不仅很难，而且受过现代欧洲教育的人恐怕都无法理解，那就是中国的纳妾问题。纳妾问题不仅很难，而且在公开场合谈论恐怕也很危险。但是，正如一首英国诗歌所说："天使踌躇回首处，愚夫阔步匆匆行。"本人将尽量为诸位解释，为何纳妾在中国并不像人们想的那样是不合道德的。

关于纳妾问题，本人首先要讲的是，因为中国女性无私无我，所以纳妾能够在中国行得通，而且并非不道德的事情。在继续展开之前，本人想先做一下说明，中国的纳妾并不意味着多妻制。按照中国的法律，一个男人只能娶一个妻子，但是只要他乐意，却可以纳许多丫鬟和妾。在日本，丫鬟和妾会被称作"手挂"或"目挂"，意思就是当你累了的时候可以拿她们来欣赏。中国的理想女性不能只让男人搂着、供着过一辈子，理想女性是绝对无私地为夫君活着。因此，当夫君生病或过度操劳之时，需要"手挂"或"目挂"来帮助其恢复身体以应日常工作之需，此时，无私的妻子便会给他帮助，就像在欧美，男子生病或需要照料的时候妻子会递来一把靠椅，会递上一杯羊奶。实际上，中国妻子无私无我，充满责任感，拥有自我奉献的精神，这样才使得中国男人可以纳妾。

人们会问："为什么只要求女性无私和自我奉献呢？男性又如何呢？"对此，我的答复是，男性并非没有自我奉献，他们辛勤劳作，养活家庭，如果他是个君子，则不仅要对家庭尽责，还要忠君报国，有时还要为此献出生命，难道这不算男性所做的奉献吗？康熙皇帝临终前在病榻之上发布遗诏，说："可见人主原无宴息之地可以退藏，鞠躬尽瘁，诚谓此也。"顺带一提，濮兰德和白克好司在最近出版的书中，将康熙皇帝描绘成一个身体庞大、荒淫无度的废物，并认为他自掘坟墓，死在了成群的妻儿手上。濮兰德和白克好司之流是现代人，在他们的想象中，纳妾这种行为可谓卑鄙下流，这种人本身想法就不健康，自然把什么都想作卑鄙下流的东西。这些都是题外话了。现在本人打算谈谈人的生活，上至皇帝，下至黄包车夫，也包括女性的生活，人们都在过着一种奉献的生活。在中国，女性所谓奉献是指为夫君无私地活着，男性所谓的奉献是指为妻妾子女提供开销保障。有些人总说中国人纳妾有违道德，我要对他们说，中国的大官人虽然妻妾成群，而欧洲人则开着汽车，从大街上载着可怜的女子回家，一夜欢愉过后，清晨又将其丢回街头，如此看来，论自私和不道德，中国人恐怕比不过欧洲人。中国的大官人们纳妾虽然可以说是自私的，但是他们至少为自己的姬妾提供了寓所，而且他们终生都有责任维持自己妻妾的生活。其实，如果说这些中国大官人是自私的，那么欧洲那些驱车采花之徒不仅自私，而且是懦夫。拉斯金[1]说："真正的战士并不以杀敌为荣，而是以随时愿意献身为荣。"同样，可以说真正的中国女性并不以忠贞爱夫为荣，而是以绝对无私为荣。实际上，这种无私之道是一种女性的信仰，对于中国的淑女来说，尤为如此，而我在别处所讲的忠诚之道，则是男性，是中国君子的信仰。外国人若是不理解"忠诚之道"和"无私之道"，就没法理解真正的中国人，或是真正的中国女性。可是，人们又会问我："那又如何呢？男人若是深爱妻子，家中岂能容得下别的女子？"本人对此的回答是，可以，这有何不可呢？男人若是真的爱自己的妻子，未必就要一生拜倒在妻子脚下，也未必要一直亲昵搂抱。若是判断一个男人是否真的爱自己的妻子，要看他是否会尽心尽力、合情合理地去做事，不仅是维护自己的妻子，还要做到不去伤害她，不去伤害她的感情。然而，正是本人所谓的"无私之道"可以保护妻子免受伤害，当妻子看到夫君将其他女子带至家中，正是这种"无私之道"使得妻子不会感到伤心。换言之，中国的妻子因为无私无我，才使得丈夫可以纳妾，而且这不会伤害妻子的感情。本人需要指出，中国的正人君子若是不经妻子允许，是绝对不会擅自纳妾的，而贞正典雅的中国淑女在丈夫找到适合纳妾的理由时，是绝不会拒绝丈夫

---

[1] 约翰·拉斯金（1819—1900）：维多利亚时期艺术评论大家。

纳妾的。据我所知，不少男性人过中年，膝下无子，于是就想要纳妾，但是妻子不同意，只得作罢。本人甚至听说了这样一事：某甲有妻染病，身体状况极差，但是此君想成全妻子高风亮节之名，故而不愿纳妾，妻子催其纳妾，此君断然拒绝，然而，妻子却瞒着他为他纳进一房小妾，还逼此君将小妾接入家中。其实，中国的丈夫不去肆意纳妾以维护妻子，这就是对妻子的爱。与其说中国的丈夫因为纳妾而无法真正地爱自己的妻子，毋宁说是因为他们真的爱自己的妻子，所以才有纳妾的权利和自由，而且不用担心自己会滥用这种权利和自由。当今中国大乱，国中男人不再讲究名分，他们反而会滥用这种权利和自由。但本人仍然认为，中国允许男子纳妾，而男子对妻子爱的表现就是维护妻子，而且有必要补充一下，这是男人讲礼的表现，这样的男人才是高雅的中国君子。在一般的欧美人当中，若是家里除了妻子之外还养着别的女人，而且家里没有变成修罗场，那这样的男人可真是千里挑一。简而言之，正是因为这种礼，这种君子的高雅情趣，当丈夫将"手挂""目挂"纳入家中之时，中国的妻子才不会感到伤心。归结起来，正是因为有了女性的这种淑女"无私之道"，以及男性对妻子和君子雅礼的爱，纳妾才在中国不仅行得通，而且不违反道德。此即孔子曰："君子之道，造端乎夫妇。"

有些人仍然怀疑中国丈夫没有真实的爱，为了能让他们相信中国丈夫能深爱自己的妻子，本人可以从中国的历史和文学作品中举出大量的证据来。本人打算引用并翻译唐代诗人元稹的一首悼亡诗，但很遗憾，原诗篇幅过长，本文篇幅本就过于冗长，在此引用恐怕不太合适。现代人常将真正的爱曲解为鱼水之欢，但凡熟悉汉语，如果想要明白这种夫妻真爱到底有多深，就应该去读一下这首悼亡诗，任何一本唐诗集中都可以找到此诗。这首诗题为《遣悲怀》。由于此处不便引用全文，所以此处本人打算引用一位现代诗人所作的四行短诗，这位诗人便是已故总督张香帅[1]的幕僚，此公拖妻带子随总督到达武昌，此后数年其妻辞世。此公不久也要调离武昌，动身之际，他作下此诗。原文如下：

此恨人人有，
百年能有几。
痛哉长江水，
同渡不同归。

用英文表达大致如下：

---

[1] 即张之洞。

This grief is common to everyone,

One hundred years how many can attain?

But't is heart breaking, o waters of the Yangtze,

Together we came, — but together we return not.

相比于丁尼生的下列诗句,这首诗的感情只深不浅,而它的语言也更为简练。丁尼生的诗文如下:

溅吧,溅吧,溅吧,

溅碎在你冷冷的灰岩上,哦大海!

……

可是那相握的手已陨灭,

那说话的声音已沉寂,哦!

那么妻子对丈夫的爱又是如何呢?本人认为这点是不言而喻的。在中国,新郎新娘按规矩在婚前是不能相见的,但即便如此,新郎新娘之间却依然有着爱情,这点从唐代的一首四行诗中可以看出:

洞房昨夜停红烛,

待晓堂前拜舅姑。

妆罢低声问夫婿，

画眉深浅入时无。

用英文表达大致如下：

In the bridal chamber last night stood red candles;
Waiting for the morning to salute the father and mother in the hall,
Toilet finished, — in a low voice she asks her sweetheart husband,
"Are the shades in my painted eyebrows quite à la mode?"

为了方便诸位理解，本人有必要谈一下中国的婚礼。中国的合法婚姻必须行六礼：一曰问名，询问姓名，即正式提亲；二曰纳采，接受丝织礼品，即订婚；三曰定期，定下结婚的日期；四曰亲迎，即迎娶新娘；五曰奠雁，在大雁前洒酒盟誓，因为大雁是最忠于配偶的动物；六曰庙见，即拜谒宗庙。六礼之中，最后两礼最为重要，因此，本人打算对其进行详细描述。

第四项亲迎，现在除了本人故乡福建还保留着这项古老风俗外，其他地区基本免去了，因为这会让新郎家颇费周章，开销甚大。现在已经不再讲究迎娶新娘，而是将新娘送到新郎家去。新娘进入新郎家时，新郎要站在门口迎接，并且要亲自开轿，接引新娘入厅堂。新郎新娘要在厅堂中拜天地，新人面朝大门跪下，正对苍天，堂内置一桌，桌上设红烛两根，新郎洒酒于地，面前则有新娘所携双雁，若是条件不允许，则以家鹅代替。这一仪式便是所谓"奠雁"，也就是男女之间立誓，他们宣誓彼此忠贞不渝，有如面前双雁一般。从这时起，他们就成了甜蜜的夫妻了，这时他们还只是通过了道德法则，也就是君子之道，他们的名分只是互相给予的，并不是民法所定。因此，这一仪式可以叫作道德或宗教婚姻。

接下来的仪式就是新郎新娘交拜。新娘站在厅堂右边，先向新郎跪下，新郎此时也要跪下。然后，他们交换位置，新郎站到新娘站过的地方，向新娘跪下，而新娘也要回跪。本人想要指出的是，这种交拜礼之中，男女夫妇是完全平等的。

正如前文所述，这种起誓仪式可以称作道德或宗教婚姻，这与三天之后将要举行的民婚有所不同。在道德或宗教婚姻中，男女在道德法则或者说"上帝"面前结成夫妻，这种限定仅存在于当事男女之间。在中国的社会和民间生活中，家几乎取代了国，而国的作用仅限于打官司，但无论如何，在道德或宗教婚姻中，国和家都不会去插手。实际上，从结婚第一天到第三天举办民婚之前，新娘不仅不会被引见，而且不得见新郎家的人。

因此，新郎新娘同居两天两夜，这算不得合法夫妻，只能算是情人。第三天，则要举行中国婚礼中最后一项仪式，即庙见，也就是拜谒祖庙，或者说是民婚。之所以要在第三日举行，是因为《礼》中规定，"三日庙见"。但是，为了减少麻烦避免浪费，一般在当天就直接举行庙见仪式。如果祖庙不远的话，那就在祖庙举行，如果是住在镇上，附近没有祖庙，那么就在祖先灵位前举行，中国人不管是贵是贱，家里尊长最后的归宿都是这里。祖庙、灵位都设有一案，或者墙上贴有红纸，我在别的地方讲过，这是孔子国家宗教的教堂，就像基督教国家教会宗教的教堂一样。

所谓庙见仪式，就是新郎的父亲跪在祖宗灵牌前，向列祖列宗的在天之灵宣告，说家族中的一位年轻成员已经将新妇娶进家门，若是家中无父，则由族中地位最为接近的长者代行。然后，新郎新娘依次跪在同一祖宗灵牌前。从这时起，见证男女双方夫妻关系的就不仅仅是道德法则或上帝了，此刻还有家族、国家、民法可以见证。所以，本人认为庙见这种中国婚礼仪式可以称为民婚。在民婚之前，女子不算是合法的妻子，因为《礼》曰："不庙见不成妇。"而且，依《礼》记载，如果女子在庙见之前暴毙，则不得进男子家祖坟，也不能在祖庙立灵位。

如此一来，我们看到中国所谓合法民婚并不是指男女之间的事，而是女子与丈夫家族之间订立的契约。女子不是与男子结婚，而是嫁入男子的家庭。举个例子，中国妇女的名片往往不写作某某夫人，如拙荆名片不写作"辜鸿铭夫人"，而是写作"归晋安冯氏裣衽"。在中国，夫妻双方若是不经夫家同意，都不能毁掉女子与夫家的婚约。这正是中国婚姻和欧美婚姻的根本不同。欧美婚姻是中国人讲的恋爱婚姻，这种婚姻是基于男女个体间的爱情而产生的。但中国的婚姻，不是男女之间的契约，而是女性与男方家族立定的契约，也就是说女性不仅对男性负责，还要对男性的家族负责，进而扩大到对社会秩序负责，而最终则要落实到对国家负责。最后，本人认为，正是这种婚姻中的公民意识使得家族得以稳固，社会或公民秩序得以稳定，进而整个国家得以安稳。因此，请允许本人提一句，欧美人表面上似乎能理解什么是真正的公民生活，能够明白什么是真正的公民，公民并不是为自身活着，而是首先要为家庭活着，进而为社会或国家活，但是严格来讲，欧美却没有真正意义上稳定的社会、公民秩序，也没有稳定的国家。正如我们在现代欧美国家看到的那样，国中男女并没有真正的公民生活概念，这样的国家有着议会和政府机关，如果你愿意，甚至可以称为大型商行，一到战争期间，它的本质就暴露了出来，成了匪帮或海盗团伙，总之跟国家不沾边。实际上，进一步讲，这是一种虚假的国家观念，就好比大商行一般，只关心大股东自己的物质利益，而同时又讲究匪帮豪侠义气（esprit de corps），这实际上是欧洲爆发恐怖大战的主要原因。简言之，人们没有真正的公民生活概念，就没有真正的国家，更遑论文明。在中国，若是男子不结婚，不成家，没法保家，何谈爱国，若说爱国，那也只能是个"爱国贼"。其实，要想拥有真正的国家观念或是公民秩序观念，人必须先要有真正的婚姻观念，不是恋人婚姻，而是本人前文所述的民婚。

书归正题，现在诸位可以想象出幸福的妻子"待晓堂前拜舅姑，妆罢低声问夫婿，画眉深浅入时无"的场景了。这里诸位可以明白本人所说的夫妇爱情，尽管他们婚前彼此不相知，甚至婚礼的第三天也不认识，但是真的存在着爱情。如果诸位以为这份爱不够深沉，那么我们再看一例，这是一位妻子为远行的丈夫所写的一联诗：

当君怀归日，
是妾断肠时。

莎士比亚的《皆大欢喜》中，罗瑟琳对表妹西莉亚说道："啊，小妹妹，小妹妹，我可爱的小妹妹，你要是知道我是爱得多么深沉！可是我的爱是无从测计深度的，因为它有一个渊深莫测的底，像葡萄牙海湾一样。"在中国，女子对夫君的爱，以及男子对妻子的爱，都像罗瑟琳的爱一样是无从测计深度的，因为它有一个渊深莫测底，像葡萄牙海湾一样。

然而，本人仍要谈谈中国理想女性与古希伯来理想女性之间的区别。《雅歌》中，希伯来人表达对心上人的爱时会说："我的佳偶啊，你美丽如得撒，秀美如耶路撒冷，威武如展开旌旗的军队。"但凡见过眼眸乌黑的犹太女子，即便是今时的犹太女子，便会承认，希伯来恋人描绘他们种族的理想女性时既直观又真实。但是，中国的理想女性，却没有丝毫的威武可言，无论是身体层面还是道德层面。即便是中国历史上如同海伦一般的绝世佳人，可谓"一顾倾人城，再顾倾人国"，她所谓的威武也只是一种隐喻。本人在《中国人的精神》一文中，谈到了"温良"一词，这个词可以概括中国式的人给人的印象。若是真正的中国人果真如此，那么中国女性就更是如此了。实际上，真正的中国人所谓的这种"温良"，到了中国女性那里，就变成了温柔。中国女性的温柔谦恭就像弥尔顿[1]《失乐园》中的夏娃一样，她对自己的夫君说：

神是你的法律，你是我的法律；
此外不识不知，这才是最幸福的知识，女人的美誉。

1　约翰·弥尔顿（1608—1674）：英国诗人、辩论家。《失乐园》是17世纪英国作家弥尔顿所作的一篇无韵叙事诗。

中国人理想的女性形象温柔至极，从任何其他文明的理想女性形象中都找不到这种品质，无论是希伯来、希腊还是罗马，其他民族的理想女性都没有这一特征。中国理想女性这种完美神圣的温柔，只有在一种其他文明中能找到，那就是基督教文明，而且是在欧洲基督教文明达到巅峰的文艺复兴时期。如果诸位读过薄伽丘[1]《十日谈》中格丽塞尔达的美妙故事，就会发现真正的基督教理想女性形象，然后会明白中国理想妇女形象中的极致谦恭和无私而神圣的温柔到底意味着什么。简言之，在这种神圣的温柔方面，真正的基督教理想女性与中国理想女性的差别不是很大。若是仔细比较，则会发现与基督教圣母马利亚的形象对等的并不是佛教的观音菩萨，而是中国画家笔下的仙子。诸位可以看出基督教理想女性与中国理想女性之间的这种差别，基督教的圣母马利亚十分温柔，中国的理想女性也是如此；基督教的圣母马利亚绰约缥缈，中国的理想女性亦不遑多让，但是除此之外，中国的理想女性还很娴淑。若是想理解这种娴淑的魅力与优雅，就必须回到古希腊去：

斯派尔希奥斯河，还有泰格图斯山中那些拉科尼少女的酒会，这些地方究竟在何方！

---

[1] 乔万尼·薄伽丘（1313—1375）：意大利作家、诗人，与彼特拉克齐名。

实际上，你必须越过色萨利[1]的原野，跨过斯派尔希奥斯河[2]，到泰格图斯山[3]中那些拉科尼[4]少女的酒会上才能理解。

中国自宋代（960年）以来，理学家们就把儒学变得十分狭隘僵硬，也使得儒家精神、中华文明的精神变得庸俗化了。从那时起，中国的女性就失去了本身的优雅和魅力，也就是所谓的娴淑。因此，如果诸位想要见识真正中国女性娴淑的典雅魅力，就必须去日本，至少在当前，日本的女性仍然保留着唐人遗风。正是中国理想女性那神圣的温柔和充满典雅魅力的娴淑，使得日本女性具有了"名贵"的特点，即便是当今最贫贱的日本女子也是如此。

谈到曼妙，也就是优雅而又具有魅力的这种特质，请允许本人在此引用马修·阿诺德的几句话，此人将朴素实在的英国新教理想女性同优雅精致的法国天主教理想女性的形象进行了对比。法国诗人莫里斯·德·介朗有个宝贝妹妹，名叫欧仁妮·德·介朗[5]，而英国有位女诗人，人称艾玛·泰瑟姆[6]小姐，马修·阿诺德对比这两位女士时说道："这位法国女士是朗格多

---

1 色萨利：今希腊色萨利大区。
2 斯派尔希奥斯河：希腊中部的河流。
3 泰格图斯山：该山脉位于伯罗奔尼撒半岛。
4 拉科尼：该地区位于伯罗奔尼撒半岛东南部。
5 欧仁妮·德·介朗（1805—1848）：法国作家，诗人莫里斯·德·介朗的妹妹。
6 艾玛·泰瑟姆（1829—1855）：英国诗人。

克的天主教徒,而英国女士则是马盖特的新教徒,马盖特的新教徒形象向来朴实无华,从这座城市的单调平凡之中就可见一斑,但是容我补充一句,这些并不是坏事。这是两种看起来截然不同的生活方式,朗格多克的介朗女士要过圣诞节,那里复活节时礼拜堂上会长满苔藓,她在平日里也会阅读圣徒的传记;而英国泰瑟姆小姐的新教场所则显得寒酸单调而且狭窄,她'与马盖特霍利广场的教徒们会合起来',用轻柔甜美的声音唱着动人的诗歌:'耶稣可知,感其血流。人间天国,久视千秋!'她有来自主日学校的年轻女教师,也有'可敬的唱诗班班长托马斯·罗先生',这两种生活真是大相径庭。两种生活的基础十分类似,但若是从环境来看,它们又不尽相同!人们会说这种不同并不是本质上的不同,而且也并不重要。这的确不是什么本质上的不同,但却非常重要。英国新教的宗教设施缺乏优雅和魅力,这对宗教生活来说可不是件小事,这确实是一个薄弱之处。你们不应该顾此失彼。"

最后,本人想要指出中国理想女性形象中最重要的特性,这种特性是中国理想女性与古今其他国家和民族的理想女性形象的区别所在。世界上所有能自称文明的民族或国家之中,理想的女性确实都有中国女性的这种色彩,但是能将这一特性发展至如此至臻至美的程度的,恐怕只有中国一例。本人所讲的这一品质,用两个汉字来描述就是"幽闲"。前文所引曹大姑的《女诚》中，本人将其译为"modesty and cheerfulness"。"幽"字的字面意思是幽闭、僻静、神秘，而"闲"字的字面意思是闲暇安逸。英语的"modesty""bashfulness"只能通个大概，德语中的"Sittsamkeit"一词意思与"幽"略微相近，而法语中的"pudeur"与"幽"的本意最为接近。可以说，"幽"字所表达的这种羞怯的特性，是所有女人特性的精髓所在。女性越是羞怯腼腆，就越具有女性魅力，也就越发完美，越像理想的女性。而女性若是失去了"幽"这种特性，不再腼腆羞涩，那么也就没有了女性魅力，同时也失去了自己的芬芳，只剩下一具行尸走肉。因此，正是因为中国的理想女性讲究"幽"，中国女性才会本能地感觉到不应该在大庭广众之下抛头露面，按中国的传统思想来看，上戏台并且在儒联会馆中大出风头是不成体统的。总之，正是这种幽娴，这种对幽隐的喜爱，这种对煊赫华丽的反感，这种中国理想女性的羞涩腼腆，使得真正的中国女性具有世上其他民族女性所没有的芬芳，这种芬芳要比紫罗兰和兰花那无以言表的香气还要沁人心脾。

两年前，本人曾在《北京日报》上翻译过《诗经》中的第一首诗，这是一首最古老的情诗，诗中是这样描述中国人理想中的女性形象：

关关雎鸠，
在河之洲。
窈窕淑女，
君子好逑。

所谓"窈窕"，与"幽闲"的含义一样，"窈"字意为幽静、温柔、羞涩，而"窕"字意为可人、娴淑，"淑女"一词意为纯洁贞正的少女或妇女。在中国这首最古老的情诗中，诸位不难发现中国理想女性的三种基本特性，一是幽静与羞涩的爱，二是难以名状的优雅魅力，也就是娴淑，最后则是纯洁贞正。简言之，真正的中国女性纯洁贞正，羞涩腼腆，娴淑可人。只有这样，才能算是理想的中国女性，才能称得上"中国女性"。

本人将儒家经典《中庸》译为"Conduct of Life"，孔子关于人生准则的教导都包含在了此书的第一部分，最后以对幸福家庭的描述作为总结：

妻子好合，如鼓瑟琴。
兄弟既翕，和乐且耽。
宜尔室家，乐尔妻帑。

这种中国家庭可以说是人间天堂，国家之中的公民守序，中华帝国则是真正的"天堂","天国"降临地上,降临于中华民族。因此,中国的君子讲究名分,有着忠诚信仰,可以说是国家的卫士;而中国的淑女们,娴淑可人,优雅端庄,纯洁贞正,羞涩腼腆,最重要的是有着无私信仰,可以说是中国家庭这种人间天堂的守护天使。

中国的语言

所有学习过中文的人都认为中文非常难学。但是，真的是这样吗？在回答这一问题之前，我们不妨先弄清楚所谓的中国语言究竟是什么。众所周知，中国有两种语言，当然不是指方言，而是指白话和文言。顺便一问，诸位有谁知道中国人为何要坚持区分白话和文言吗？我来告诉你们原因。正如欧洲曾经有段时间，学术语言和书面语言是拉丁文，人们被分为两个阶级，即受过教育的阶级和没有受过教育的阶级。没有受过教育的人用的是白话，而真正受过教育的人用的是书面语言。如此一来，国家中便没有半受教育的人这一说法。本人认为，这就是中国坚持两套语言的原因。试想一下，如果国家中存在半受教育的人，那会出现什么结果。看看今日的欧美，口头语言和书面语言本是各不相同，但自从人们不再使用拉丁文后，这一差别就消失了，半受教育的阶层迅速崛起，他们与真正受过教育的人使用着同样的语言，他们大谈文明、自由、中立、黩武、泛斯拉夫主义，而对这些词的真正含义却只是一知半解。人们说普鲁士人穷兵黩武，是对文明的威胁，但是本人看来，当今世上半受教育的人，或者说半受教育的暴民才是文明真正的威胁。说得有点离题了。

言归正传，中国的语言到底难不难？我的答案是既难又不难。我们不妨先来看看汉语的口语。本人认为汉语的口语不仅不难，而且与本人掌握的其他几门语言比起来，可能是除了马来语之外世上最容易学的语言了。汉语的口语很容易学，是因为这门语言极其简单。因为，它不讲究语格和时态，也没有规则动词和不规则动词，实际运用中也不讲究语法或其他规则。但是，有人告诉我说汉语就是因为这么简单所以才难学，甚至就是因为汉语没有语法。然而，事实并非如此。马来语和汉语一样，都非常简单，没有语法和规则。而欧洲人学马来语却没觉得困难。由此可知，汉语的口语本身并不难学。然而，对于受过教育的欧洲人来说，尤其是半受教育的欧洲人，他们来到中国，觉得汉语口语是一门非常难学的语言，这是为什么呢？因为汉语口语是完全未受过教育的人用的语言，实际上是一种孩童语言。众所周知，欧洲儿童学讲汉语口语非常容易，而学识渊博的语言学家却认为汉语非常难学，这便是极好的证明。本人重申，汉语口语乃是孩童的语言。本人奉劝想要学汉语的外国朋友"若不变成小孩子的样式，断不得进天国，也断不得习中文"。

现在，我们再来看一下文言，或者说书面中文。在进一步阐述之前，容本人说明一下，文言也有不同的种类。传教士们将书面汉语分为"浅文理"和"深文理"两类。但是在本人看来，这个分类并不是很令人满意。本人认为，合理的分类方法应该是分为白素文言、通行官言，以及宫廷雅言三类。若是用拉丁语来表示，那就是 litera communis 或 litera officinalis，意为普通或通用中文；litera classica minor，意为低级古典中文；litera classica majora，意为高级古典中文。

如今，不少外国人自称中国学家。大约三十年前，本人曾在《字林西报》上发表过一篇关于所谓汉语学术的文章，说来可叹，这些年时光荏苒，时过境迁，真是怀念从前在上海的岁月。本人在文中说道："有些欧洲人身在中国，要么出版了几部方言土语汇编，要么就是收集了百来条中国谚语，就敢大言不惭地自称中国学家。""一个名号而已，倒也无关紧要，按照条约中的治外法权条款，只要英国人乐意的话，就算在中国自称孔老夫子都没问题。"现在本人想说的是：那些自称中国学家的外国人中，究竟有多少人意识到了本人所说的高级古典中文文学中蕴藏着文明的宝藏？本人称之为一笔文明宝藏，是因为我坚信高级古典中文可以"改变人类的原始天性，使其发生蜕变"。这也正是马修·阿诺德评论荷马的诗歌时说的话。当今欧洲的爱国者们正在相互厮杀，但是他们厮杀起来依靠的是野生动物的争斗本能，本人认为中国文学中的高级古典中文可以使他们变成和平、温和、文明的人。正如拉斯金所说，文明的目标就是让人摆脱粗鄙、暴力、残暴和斗争，变成知礼之人。

　　回到正题上，书面中文到底难不难？我的答案是既难又不难。本人认为，即便是宫廷雅言，也就是高级古典中文，也并不难学，因为就像汉语口语一样，这种中文非常简单。我们不妨随便看一个普通的例子，来见识一下高级古典中文究竟多简单。本人所举的例子是唐代的一首绝句，它描述了中国人舍命捍卫自己的文明，与北方野蛮凶残的匈奴人舍命血战的场面。该诗如下：

　　　　誓扫匈奴不顾身，
　　　　五千貂锦丧胡尘。
　　　　可怜无定河边骨，
　　　　犹是春闺梦里人。

逐字翻译成英文作：

　　　　Swear sweep the Huns not care self,
　　　　Five thousand embroidery sable perish desert dust;
　　　　Alas! Wuting riverside bones,
　　　　Still are Spring chambers dream inside men!

翻译得更通顺一些则如下：

> They vowed to sweep the heathen hordes
> From off their native soil or die:
> Five thousand taselled knights, sable-clad,
> All dead now on the desert lie.
> Alas! the white bones that bleach cold
> Far off along the Wuting stream,
> Still come and go as living men
> Home somewhere in the loved one's dream.

若是将原文与本人粗陋的英文译本比较，不难发现，中文原版的用词和诗风是多么朴实无华，诗歌的构思是多么简单。然而，用词、诗风和构思越朴实，表达的思想和给人的感觉就越深刻。

这种中国文学用极为简单的语言表达深刻的思想和感情，要想理解这种文学，就必须读希伯来《圣经》。希伯来《圣经》可以说是当今世上最深刻的文学作品之一，而其语言却朴实无华。我们引一段为例："可叹忠信的城，变为妓女……你的官长居心悖逆，与盗贼做伴；各都喜爱贿赂、追求赃私；他们不为孤儿申冤，寡妇的案件也不得呈到他们面前。"（赛1:21-23）

还有下一段引文也是出自同一位先知之口："我必使孩童做他们的首领,使婴孩辖管他们。百姓要彼此欺压,各人受邻舍的欺压。少年人必侮慢老年人,卑贱人必侮慢尊贵人!"真是绘声绘色!这描绘了一个民族正处于一种可怕的状态。诸位现在能看到这幅图景吗?如果想要有能够使人蜕变的文学,使人走向文明的文学,那就必须去读希伯来人、希腊人、中国人的文学。然而,希伯来文和希腊文现在都变成了死语言,而中文是一门活语言,四万万中国人至今仍在使用中文。

概言之,从某种意义上讲,汉语口语和书面中文都很难学。但这并不是因为中文很复杂。许多欧洲语言,比如拉丁语和法语,它们难学是因为这种语言本身复杂,而中文并不复杂,中文的难点在于能用简单的语言表达出深层的情感。这就是中文难学的奥秘所在。本人曾在别的文章中提到过,中文是一门心灵的语言,是一种诗化的语言。这便是为什么中国古人简简单单一封散体书信读起来也像诗。若是想理解书面中文,尤其是我所谓的宫廷雅言,就必须将心灵和头脑,也就是灵魂和智慧都调动起来。

正因如此,受过现代欧洲教育的人才会觉得中文格外难学,欧洲教育只注重发展人天性的一部分,也就是智力。换言之,受现代欧洲教育的人认为中文难学,是因为中文是一门深层的语言,而欧洲教育是重数量不重质量,这样会使人变得浅薄。

最后，谈到那些半受教育的人，对他们而言，即便是汉语口语，也非常难学。这些半受教育的人，或许能成为富家翁，但是毕竟"骆驼穿过针的眼，比财主学会高级古典中文还容易呢"，这是因为书面中文是专门供有真正教养的人使用的。简言之，书面中文也就是古典中文难学，是因为这是受过教育的人用的语言，而真正的教育本身也并不容易，但是恰如希腊谚语所言："美者必难。"

做最后总结之前，容我再举一个例子证明一下，即便是低级古典中文，也就是通行官言中，也有简单而深沉的感情。这是一位现代诗人于除夕夜时写的绝句：

示内
莫道家贫卒岁难，
北风曾过几番寒。
明年桃柳堂前树，
还汝春光满眼看。

逐字翻译成英文作：

Don't say home poor pass year hard,
North wind has blown many times cold,

Next year peach willow hall front trees,

Pay-back you spring light full eyes see.

翻译得更通顺一些则如下：

TO MY WIFE.

Fret not, — though poor we yet can pass the year;

Let the north wind blow ne'er so chill and drear,

Next year when peach and willow are in bloom,

You'll yet see Spring and sunlight in our home.

还有一首篇幅更长、流传更久的作品。其作者为杜甫，堪称中国唐代的华兹华斯。此处本人想先列出本人翻译的英文版本：

MEETING WITH AN OLD FRIEND.

In life, friends seldom are brought near;

Like stars, each one shines in its sphere.

Tonight, oh! what a happy night!

We sit beneath the same lamplight.

Our youth and strength last but a day.

You and I — ah! our hairs are grey.

Friends! Half are in a better land,

With tears we grasp each other's hand.

Twenty more years, — short, after all,

I once again ascend your hall.

When we met, you had not a wife;

Now you have children, — such is life!

Beaming, they greet their father's chum;

They ask me from where I have come.

Before our say, we each have said,

The table is already laid.

Fresh salads from the garden near,

Rice mixed with millet, — frugal cheer.

When shall we meet? 'tis hard to know.

And so let the wine freely flow.

This wine, I know, will do no harm.

My old friend's welcome is so warm.

Tomorrow I go, — to be whirled.

Again into the wide, wide world.

不得不承认，拙译几乎就是一首打油诗，仅仅翻出了中文文本的含义而已。然而,中文原诗并非如此,而是一首真正的诗,这首诗简单得就像白话,但又不失优雅、悲悯与高尚,还请诸位恕我无法在英语中用如此简单的语言表达出这一切感情:

  人生不相见,动如参与商。
  今夕复何夕,共此灯烛光。
  少壮能几时,鬓发各已苍。
  访旧半为鬼,惊呼热中肠。
  焉知二十载,重上君子堂。
  昔别君未婚,儿女忽成行。
  怡然敬父执,问我来何方。
  问答殊未已,驱儿罗酒浆。
  夜雨剪春韭,新炊间黄粱。
  主称会面难,一举累十觞。
  十觞亦不醉,感子故意长。
  明日隔山岳,世事两茫茫。

约翰·史密斯在中国

市侩庸人不仅对自身之外的一切生活环境不闻不问，还要求其他人都应如他一般生活。

——歌德[24]

曾有人问斯特德[1]先生："玛丽·科雷利[2]红极一时的秘诀是什么？"他的答案是："有什么样的作家就有什么样的读者；因为有些约翰·史密斯读她的小说，活在玛丽·科雷利的世界里，认为她的话最能阐释所在宇宙的真理。"玛丽·科雷利在英国的约翰·史密斯们眼中的形象就好比亚瑟·史密斯教士在中国的约翰·史密斯们在眼中的形象。

真正受过教育和半受教育的人之间的差距也正在于此。真正受过教育的人想要读的书能使自己获得事物的真理，而半受教育的人则喜欢读那些迎合自己想法、满足自己虚荣心的书。中国的约翰·史密斯非常想凌驾于中国人之上，亚瑟·史密斯

1　威廉·托马斯·斯特德（1849—1912）：英国报刊编辑。
2　玛丽·科雷利（1855—1924）：英国小说家及神秘主义者。

教士则写了一本书,最终证明约翰·史密斯确实比中国人要优越。因此,约翰·史密斯们便觉得亚瑟·史密斯教士相当亲近,而《中国人的性格》一书则被约翰·史密斯奉为《圣经》。

但是,斯德特先生说:"现在统治大英帝国的,正是约翰·史密斯及其邻居。"所以,本人最近勉为其难,读了一下这套为约翰·史密斯讲述中国和中国人的书。

《早餐桌上的独裁者》将人的头脑分为算术型和代数型。他观察到"所有经世致用的智慧都是 2+2=4 这种算式的拓展与变形,而每个哲学命题都具有 a+b=c 这种公式的普遍特点"。约翰·史密斯的整个家族无疑都属于算术型头脑。约翰·史密斯的父亲,老约翰·史密斯,我们给他起名叫约翰·布尔吧,他凭着"2+2=4"赚了一笔。约翰·布尔来中国卖自己的曼彻斯特商品,他为了赚钱,与中国人约翰相处得十分融洽,因为他们两个都知道而且十分赞成 2+2=4 这套公式。但是,现在统治大英帝国的小约翰·史密斯则不一样了,他满脑子装着 a+b=c 这套东西来中国,而这一套东西他自己都不明白,他不满足于来中国卖曼彻斯特货,他还想开化中国人,或者按他的话说,要"传布盎格鲁—撒克逊理念"。结果约翰·史密斯与中国人约翰就处得很僵,更糟的是,在约翰·史密斯这种 a+b=c 的盎

---

1 《早餐桌上的独裁者》:老奥利弗·温德尔·霍姆斯所著论文集。老奥利弗·温德尔·霍姆斯(1809—1894):美国医生及诗人。

格鲁—撒克逊理念影响下，约翰·中国人不再去老老实实买曼彻斯特货，而是抛下买卖，跑去张叔和园[1]欢庆立宪，实际上他已经变成了极端疯狂的改良党了。

近日，本人受辛博森[2]先生《重塑远东》一书，以及其他著作的影响，试图为中国学生编纂一部关于盎格鲁—撒克逊理念的问答书。目前为止，整理出以下内容：

1. 问曰："人之根本究竟为何？"
答曰："人之根本在于为大英帝国争光。"

2. 问曰："你信上帝吗？"
答曰："去教堂的时候信。"

3. 问曰："你不在教堂的时候信什么？"
答曰："信利益，信报酬。"

4. 问曰："信仰的真谛是什么？"
答曰："相信人人为己。"

---

[1] 张叔和园，又称上海张园，是清朝末年上海最大市民活动中心。
[2] 辛博森（1877—1930）：笔名帕特南·威尔，英国作家。

5. 问曰："工作的真谛是什么？"

答曰："赚钱进腰包。"

6. 问曰："何谓天堂？"

答曰："住进涌泉路，坐上大马车。"

7. 问曰："何谓地狱？"

答曰："不成功便是地狱。"

8. 问曰："人类至真之态究竟如何？"

答曰："罗伯特·赫德[1]爵士在中国把持海关。"

9. 问曰："何谓渎神？"

答曰："否认罗伯特·赫德爵士是个天才。"

10. 问曰："何谓滔天大罪？"

答曰："阻碍英国贸易。"

11. 问曰："上帝为何创造四万万中国人？"

---

1 罗伯特·赫德（1835—1911）：英国外交官、清廷官员。

答曰:"为了给英国人提供贸易对象。"

12. 问曰:"你祈祷时说什么祷言?"

答曰:"主啊,感谢你,我们不像邪恶卑劣的俄国人和野蛮凶残的德国人一样,他们打算瓜分中国。"

13. 问曰:"谁是在华传布盎格鲁—撒克逊理念的最伟大布道者?"

答曰:"《泰晤士报》驻北京记者莫理循[1]博士。"

若是说这便是真实的盎格鲁—撒克逊理念,那未免有失公允,但是只要愿意费心去读一下辛博森先生的著作,就不得不承认,辛博森先生和读过辛博森先生著作的约翰·史密斯们的头脑中,盎格鲁—撒克逊理念就是如此。

最怪的是,这种约翰·史密斯的盎格鲁—撒克逊理念竟能在中国生效。中国人约翰们受到这种理念的影响,迫不及待地想去为中华帝国争光。旧式的中国八股书生本是百无一用又百无一害。但是,外国人会发现,新式中国文人深受约翰·史密斯的盎格鲁—撒克逊理念影响,吵着要立宪,很可能变得令人

---

[1] 莫理循(1862—1920):美国探险家、《泰晤士报》记者。

厌烦而又充满危险。恐怕最后老约翰·史密斯会发现自己的曼彻斯特商贸毁于一旦，而且还要再斥巨资派遣戈登[1]将军或基奇纳勋爵之流，去杀掉可怜的老朋友中国人约翰，这老朋友受约翰·史密斯的盎格鲁—撒克逊理念的影响，已经变得疯癫失常了。这些都是题外话了。

本人想要清楚地指出：有些书把中国人写得乱七八糟，而一些英国人脑子里装满这些废话之后来到中国，必须与中国人打交道，但他们居然能相安无事，这真可谓天方夜谭。亚历克西斯·克劳斯[2]有一部巨著，题为《远东：其历史与问题》，我们可以从其中举出一个例子加以说明，书中写道：

> 困扰远东的西方列强的整体问题，症结在于欣赏东方精神的真正本质。东方人不仅会从与西方人不同的视角观察事物，而且其整个思路和推理方式也与西方不同。亚洲人的认知能力与我们所具备的认知能力不尽相同！

克劳斯先生的话毫无章法，若是一个读过上述引文末句的英国人信了他的话，那么他想要一张白纸的时候，就会跟儿子说："孩子，给我取张黑纸来。"本人认为，外国人来中国跟中

---

1 查理·乔治·戈登（1833—1885）：英国军官。
2 亚历克西斯·西德尼·克劳斯。此书出版于1900年。

国人脚踏实地办实事，不要去想什么东方精神真正本质之类的胡话，这样对他们的声誉是有好处的。实际上，本人相信，与中国人交好的外国人是坚持 2+2=4 的，他们不信东方本质论和盎格鲁—撒克逊理念所讲的那一套 a+b=c 的理论。亚瑟·史密斯牧师还没写出《中国人的性格》一书之前，英国在华商行的老板，如渣甸和马地臣，他们与中国买办[1]之间的关系总是十分亲近，代代相传。若是还有人记得那时的日子，便不禁会问，聪明的约翰·史密斯提出东方本质论和盎格鲁—撒克逊理念所讲的那一套 a+b=c 的理论，对中国人和外国人到底有什么好处？

吉卜林[2]的名言"东就是东，西就是西"难道就一点道理都没有吗？当然是有的。当你处理 2+2=4 的问题时，东西方几乎没有区别，而当你处理 a+b=c 的问题时，东西方之间的巨大差距才会显现出来。然而，要想解答东西方之间 a+b=c 的问题，没有高等数学的天分是不行的。当今世界之所以会陷入不幸，是因为解决远东 a+b=c 问题的方法掌握在约翰·史密斯手中，约翰·史密斯不仅统治着大英帝国，还与日本结成同盟，而他连代数入门都一窍不通。想要解决东西方之间 a+b=c 的问题并非易事，因为这里面存在着许多未知数，不仅孔子和康有为、

---

[1] 买办：受雇于外国公司的中国人，在外国公司与中国商人之间充当中间人。
[2] 约瑟夫·拉迪亚德·吉卜林（1865—1936）：英国记者、短篇故事作家、诗人、小说家。

总督端方对东方的理解各有不同，莎士比亚、歌德和约翰·史密斯对西方的理解也不一样。若是能妥善处理好 a+b=c 的问题，你会发现，孔子理解的东方和莎士比亚、歌德理解的西方差别不大，学者理雅各[1]博士理解的西方和亚瑟·史密斯教士理解的西方却判若天渊。对此，请允许我举一个例子说明一下。

亚瑟·史密斯教士谈到中国历史时说：

> 中国历史十分古老，他们想要回到时间的起点，而且他们那无尽而死浊的历史长河中，除了裹挟着昔日生机勃勃的草木，还夹杂了各类朽木干草。只有相对过时的种族才会编纂和阅读这类历史：只有中国人大肚能容，可以将这些历史尽收其中！

反观理雅各博士，看看他在同一论题上是怎么表述的。理雅各博士在谈及中国二十三个正统朝代时说：

> 没有哪个民族能有如此贯通的历史，整体来看，这是值得信赖的。

---

[1] 理雅各（1815—1897）：苏格兰汉学家。

谈到另一部伟大的中国文集时,理雅各博士说:

　　本来我以为这部著作是不会出版的,但在两广总督阮元的监督与资助下(有其他官员出资),在嘉庆二十五年之后的第九年里,此书就编定出版,而嘉庆之前的年号即是乾隆。如此鸿篇巨著能够出版,表明中国高官有一种公共精神,也非常热爱文学,单凭这一点,外国人就不应该把他们瞧扁了。

　　除了东西方之间存在巨大差异外,理雅各博士这种能够欣赏和赞美文学热情的学者所理解的西方,和中国的约翰·史密斯标榜的亚瑟·史密斯教士所理解的西方也大为不同。其状况大抵如上文所述。

汉学大家

女为君子儒，无为小人儒。

——《论语·雍也第六》

　　本人近日阅读翟理思博士所著《山笔记》一书时，想到了一位英国驻华领事霍普金斯先生的一句话："住在中国的外国人每当谈起汉学家时，总认为他是傻瓜。"

　　翟理思博士堪称当今汉学大家。若是从其出版著作来看，自是名不虚传。但是，本人认为现在应该从质量入手，对其著作的价值进行精确评估。

　　一方面来看，翟理思博士的优势是从前和当下所有汉学家都不具备的，此人文学天赋异禀，能够撰写地道的英文。但是另一方面，翟理思博士缺乏哲学家的洞察力，有时甚至缺乏基本常识。他可以翻译中文的句子，却无法阐释和理解中国人的思想。从这个方面来看，翟理思博士具有与中国文人相同的特点。孔子曰："文胜质则史。"（《论语·雍也第六》）

　　对于中国文人而言，书籍和文学作品不过是其著书的材料而已，如此一来，他们是在书的基础上著书。他们在书中生存活动，与现实世界可谓长久隔绝。文人们并不是把书和文章作为达成目的的手段，而对于真正的学者来说，研读书籍和文章只不过是一种能够帮助自己阐释、批判、理解人类生活的工具而已。

马修·阿诺德说："要么去理解全部的文学，理解整部人类精神史，要么去理解一部伟大的文学作品，把它当成一个相互关联的整体，只有这样，文学的力量才能显现出来。"但是翟理思博士的所有作品中，还没发现有一句话能表明他将中国文学当成一个相互关联的整体。

因为，缺乏哲学洞察力，翟理思博士在组织材料时显得力不从心。比如，说他那本大辞典，根本就没有个辞典的样子。这不过是他翻译的一部汉语词句合集罢了，而且他翻译的时候根本没有任何选择、编排、组织和条理。从学术价值的角度来讲，翟理思博士的辞典还比不上卫三畏[1]博士所编的那部旧辞典。

不得不承认，翟理思博士所著的《古今姓氏族谱》凝聚了大量心血。但是，也暴露了翟理思博士缺乏判断常识的能力。人们读这部著作时，都是抱着找名人的心态来的。

1　卫三畏（1812—1884）：美国语言学家、官员、传教士、汉学家。著有《汉英拼音字典》。

Hic manus ob patriam pugnando vulnera passi,
Quique sacerdotes casti, dum vita manebat,
Quique pii vates et Phoebo digna locuti,
Inventas aut qui vitam excoluere per artes,
Quique sui memores aliquos fecere merendo.

在古代的圣贤英豪之中，在神话传说的人物当中，我们能找到陈季同将军、辜鸿铭先生、张香帅，还有吕文经船长，最后一位的头衔如此特别，是因为此君总是用无数香槟招待自己的外国朋友！

最后，再来看看所谓的"笔记"，这是翟理思博士最新出版的作品，翟理思博士作为一个缺乏判断力的学者，想靠这些作品挽回声誉怕是有点困难了。大多数选题既没有现实意义，又缺乏人情味。似乎翟理思博士大费周章写了这些书，并不是想要向世界介绍中国和中国文学，而是向世人炫耀一下我翟理思博士的汉学知识究竟有多渊博，没有人比我更懂中国。除此之外，翟理思博士在其所有作品中都表现出一种粗糙和武断，这完全与哲学不沾边，与学者也不沾边，着实令人生厌。像翟理思博士这样的汉学家拥有了上述特点，才致使住在远东、脚踏实地的外国人对汉学家大加嘲讽奚落，也无怪乎霍普金斯先生会有如此评价。

本人将从翟理思博士最新出版的著作中摘出两篇文章,来向大家说明一下,迄今为止外国学者写的所有关于中国学问和中国文学的文章都是既缺乏现实意义,又没有人情味,而中国学问和中国文学本身并没有错。

第一篇文章的标题为《何为孝》。文章的核心聚焦在两个汉字的字义解读上。孔子的弟子问孔子何为孝,子曰:"色难。"

翟理思博士说:"问题在于,两千年过去了,这两个汉字的意思究竟是什么呢?"翟理思博士对华洋学者的阐释与翻译进行了一番筛选后,翟理思博士自认为找到了这两个字的真正含义。为了让大家直观感受一下翟理思博士有多粗糙武断,与学者多不沾边,本人在此特地引用他声称有重大发现时的原话。翟理思博士表示:

恕我直言,讲完上面之后我发现这两个字的含义就浮于表面,你们要做的则如那首诗所言:

俯身去捡,低头就有。

不偏不倚,不左不右。

子夏问孝,子曰:"色难。"孔子的答复非常简单。

翟理思博士说:

色就是下定义，难就是困难，这一答案可谓简单明了，十分恰当。

本人不打算深究汉语语法的细节来给翟理思博士挑刺。此处若是如翟理思博士所猜，"色"是动词，那么正确的中文句法应该是"色之维难"而不是"色难"。若是把"色"字当成动词，那么就必须搭配非人称代词"之"。

但是，即便抛开语法细节，从前后文联系来看，孔子的回答若是按翟理思博士的翻译来理解，那便毫无意义。

子夏问孝，子曰："色难。有事，弟子服其劳；有酒食，先生馔，曾是以为孝乎？"[25]（《论语·为政第二》）上述文字的全部观点都已经摆出来了，重点不在于你对父母履行什么义务，而是在于你尽这些义务时的态度与精神。

本人想要指出，孔子德育的伟大之处和真正功绩恰恰就在于翟理思博士所误解的这一点上，他认为人要尽道德义务；反观孔子，不强调做什么，而是怎么做。这也正是道德与宗教之间的不同，是单纯的道德准则和宗教导师那生动的布道之间的区别。宣扬道德的人只会告诉你什么样的行为是符合道德的，什么行为是不道德的。但是，真正的宗教导师不仅会告诉你这些，不仅教人如何去处理外在之事，而且认为态度和行为的本质十分重要。真正的宗教导师会告诉我们，行为究竟道德与否，并不在于我们做了什么，而在于我们如何去做。

这就是马修·阿诺德在自己教义中所讲的基督教法。当穷寡妇捐出自己的小钱时，耶稣基督让门徒注意的不是她捐了什么，而是注意她如何捐的。道德之士会说"不可奸淫"，而耶稣基督却说："凡看见妇女就动淫念的，这人心里已经与她犯奸淫了。"

同理，孔子时代的道德之士会说：儿女必须为父母劈柴挑水，家里最好的酒食都应该让给父母吃，这就是孝。孔子却说这不是孝。真正的孝并不在于这些表面行为，不在于服侍父母。孔子认为，难点在于做事情的态度。正是因为孔子教义中的方法，正是因为他强调观察道德行为的内在本质，孔子才成为一个伟大的真正宗教导师，而非基督教传教士所说的，仅仅是一个道德之士，是一个哲学家而已。

当前中国的改革运动就可以很好地证明孔子的方法。有些所谓进步官员，深得外国报纸赞誉，他们现在忙得可谓焦头烂额，甚至要远赴欧美，想要从那里寻找适用于中国改革的良方。但很不幸，想要救中国于水火，并不是要看这些进步官员能采用什么样的改革，而是要看如何来推行这些改革。遗憾的是，这些官员并不会安坐庐中苦读孔子，反而要去欧美研究立宪。若是这些官员不去用心体会孔子的教义与方法，不去注重怎么做，而是只想着该改革什么，那么当下中国的改革运动必然导致混乱、穷困与痛苦。

翟理思博士《山笔记》中还有一篇文章，题为《四大阶层》，本人打算对此文略加审对。

日本的末松男爵[1]有一次在招待会上说日本人将国民分为四大阶层，即士、农、工、兵（soldiers, farmers, artisans and warriors）。翟理思博士对此表示："把士翻译成soldiers是不对的，它后来才有士兵的意思。"翟理思博士进一步指出："最早的'士'指的是文职人员。"

然而，事实却恰恰与此相反。"士"字最初就是指中国古代的佩剑贵族，这点与当今的欧洲如出一辙。此后，军队中的将校与兵卒便被称为士卒。

中国古代的文官阶层叫作"史"。公元前2世纪，中国废除分封制，而且士人除了从戎之外也可以担任其他职业，文官阶层一跃而起，成为法学之徒，他们宽袍博带，与佩剑之士区别开来。

武昌张香帅曾问过我，为何外国领事本是文职，穿礼服时却要佩剑。本人回答说是因为他们属于"士"，在中国古代，士并非文职官员，而是佩剑从戎的武士。张香帅对此深表赞同，次日即令武昌所有学堂的学生着军服上课。

---

[1] 末松谦澄（1855—1920）：日本政治家、学者、作家。

因此，翟理思博士提出的这一问题具有极大的现实意义，即中国的"士"字究竟是指文人还是武人。未来的中国究竟是独立自主还是受洋人支配，取决于中国能否拥有一支可用之军，还取决于中国有学问的统治阶级能否重拾"士"字的古老含义，这里的"士"不是指文官，而是能够佩剑从戎、保家卫国的君子。

中国学问（上篇）

前不久,有群传教士在科学读物的封面上自诩为"宿儒",实在令人啼笑皆非。这一念头属实荒唐可笑。中国肯定没有人胆敢妄称儒者,"儒"字指的可是有最高学问的文人学士。笔者常听说有欧洲人被称为中国学家。《中国评论》的广告上说:"传教士们正在刻苦钻研高深的中国学问。"然后,就列出了一份经常撰稿的作者名单,"所有这些著名学者都学识渊博,对自己的研究主题都有着深入的理解。"

德国人费希特曾就文人一题做过演说,美国人爱默生著有《文学伦理学》,若是想评估传教士们在中国钻研得到底有多深,大可不必套用上述二位提出的高标准。前美国驻德公使泰勒先生是大家公认的德国学家,讲英语的人若是读过几本席勒[1]的剧本,往杂志上投过几篇海涅[2]诗歌的译作,邀三五好友饮茶谈笑之时或可戏称德国学家,但是此人绝不会在印刷品或宣传海报上以此自居。然而,现在有些欧洲人身在中国,要么出版了几

---

[1] 约翰·克里斯托弗·弗里德里希·冯·席勒(1759—1805):德国诗人。
[2] 克里斯蒂安·约翰·海因里希·海涅(1797—1856):德国诗人、散文家。

部方言土语汇编,要么就是收集了百来条中国谚语,就敢大言不惭自称中国学家。这不过是一个名号而已,倒也无关紧要,按照条约中的治外法权条款[1],只要英国人乐意的话,就算在中国自称孔老夫子都没问题。

笔者不得不去思考这一问题,是因为有些人认为,中国学问已经或者说正在与早先的开拓时代告别,即将步入崭新的阶段中,研习中国学问的人将不再满足于编纂辞典这样的基础功夫,而是想要注释、翻译中华民族的文学精品,想对中国文坛名家的作品进行评判,而且要有理有据,最终盖棺定论。我们不妨考究一下,第一,欧洲人对中国学问的认识是否真的在发生转变;第二,他们究竟对中国学问做了哪些研究;第三,当今中国学问现状究竟如何;第四,就中国学问的理想状态抒发己见。俗话说得好,矮人站在巨人肩上,会误以为自己比巨人还要高。但是,不得不承认,矮人借高位之便,视野必定更为宽广。因此,笔者要站在前贤的肩膀上,综观中国学问的昨天今天与明天;如果笔者研究时得出的观点与前贤的观点有出入,希望人们能理解,笔者没有丝毫骄矜自傲的意思,只不过是站在前人的肩膀上而已。

第一个问题,所谓欧洲人对中国学问的认识发生了转变,

---

[1] 治外法权条款:允许某国政府在海外行使主权的条款。

在笔者看来目前是没有问题的，因为语言障碍这一大难题已经被排除了。翟理思博士说："人们很久以前觉得学习汉语口语，哪怕是一门方言，都不是一件易事，而有了历史小说之后，这些困难就都迎刃而解了。"确实，要说书面中文，英国领事馆随便一位学生，在北京住上两年，再在领事馆工作个一两年，搭眼一看就能读懂一般的电报。必须承认，在华洋人的汉语水平早已日新月异，但是有人说洋人的汉语水平不止如此，笔者对此深表怀疑。

马礼逊[1]博士继早期耶稣会士之后出版的那部著名辞典，是公认的研究中国学问的起点。那部作品无疑是一座丰碑，代表了早期新教传教士认真热忱、尽职尽责的精神。继马礼逊之后，又涌现出一批学者，其中著名的代表是德庇时[2]爵士和郭士腊[3]博士。德庇时爵士非常诚实，直言不讳承认自己不懂中文。他会讲点官话，也能轻松读官话写成的小说。但是，他那时掌握的知识放到今天估计最多只够能在领事馆当个通事[4]。值得注意的是，对于多数英国人来说，他们对中国的了解还都是从德庇时爵士讲中国的书中学来的。郭士腊博士的中文水平可能比德

---

[1] 罗伯特·马礼逊（1782—1834）：苏格兰传教士，著有《华英字典》。
[2] 德庇时（1795—1890）：英国外交官、汉学家，曾任第二任香港总督。
[3] 郭士腊（1803—1851）：德国传教士。
[4] 官名，负责掌管呈递奏章、传达皇帝旨意等事。

庇时爵士高一点，但是他就此满足，不再继续求知。已故的密迪乐[1]后来对郭士腊大加批判，指责其骄傲自满，而且批判了诸如古伯察[2]还有杜赫德[3]等人。令人不解的是，此后包罗杰[4]先生在最近出版的《中国简史》一书中，竟然将上述诸人当作权威来引用。

最先，在欧洲大学中取得汉学讲座教授职位的是法国的雷慕沙[5]。笔者目前还没有资格去评判此人所做的贡献。但是，他有一本书着实引人注目，那就是小说译著《双美奇缘》。利·亨特读过此书之后推荐给了卡莱尔，卡莱尔又推荐给了约翰·斯特林，斯特林非常喜欢读这本书，他认为这本书的作者简直是个天才，但是"稍逊中国人一筹"。这部小说的中文名叫《玉娇梨》，读起来确实令人愉悦，但它在中国文学中实属下品，即便是下品之中，它也算不得优质。不过想想中国人脑中的想法与图景能够传到卡莱尔和利·亨特这样的人物脑中，也着实令人欣慰。

继雷慕沙之后的汉学家是儒莲[6]和颇节[7]。德国诗人海涅说，儒莲有一个很奇妙但是很重要的发现，就是颇节先生完全不懂

---

1 密迪乐（1815—1868）：英国汉学家。
2 古伯察（1813—1860）：法国神父及传教士。
3 杜赫德（1674—1743）：法国耶稣会历史学家，专攻中国历史。
4 包罗杰（1853—1928）：英国作家，著有《中国简史》。
5 雷慕沙（1788—1832）：法国汉学家，法兰西公学院第一位汉学讲座教授。
6 儒莲（1797—1873）：法国汉学家，法兰西公学院汉学讲座教授。
7 颇节（1801—1873）：法国东方学者、诗人。

中文，而颇节也发现儒莲先生不懂梵文。尽管如此，这些名家的探索成果仍是非常重要的，他们的一大优势就是对自己领域的语言十分熟悉。还有一位法国学者值得一提，他就是德理文[1]，他翻译唐诗，以此作为研究中国文学的介入口，中国文学的这一部分此前还没有人进行研究。

德国慕尼黑的帕拉特[2]博士出版了一部关于中国的书，题目为《满洲》。这部书与所有德文书籍一样，是一本非常可靠的佳作。很显然书的构思是想勾勒出中国满洲王朝的起源。但是，此书后面的一部分涉及有关中国的问题，这在西文图书中是找不到的，诸如卫三畏博士《中国总论》等书籍，与此书相比，不过是儿戏小书罢了。还有一位德国汉学家史淘思，此人曾是一个日耳曼小公国的大臣，该公国于1866年被普鲁士吞并。这位老臣卸任后研究中文自娱，他出版了《老子》的译本，最近又出版了德译《诗经》。广东的花之安[3]先生认为此人的《老子》译本有些地方翻得非常好，《诗经·颂》的部分也翻得十分出彩。遗憾的是，笔者无缘拿到这些著作。

上面提到的这些学者，可以看作最早的汉学家，其滥觞可以追溯到马礼逊博士出版的字典。第二个时期开始的标志是两

1　德理文（1822—1892）：法国汉学家。
2　帕拉特（1802—1874）：德国历史学家，19世纪德国最重要的汉学家。
3　花之安（1839—1899）：德国汉学家、传教士。

部权威著作，一部是威妥玛[1]爵士的《语言自迩集》，另一部是理雅各[2]博士的《中国经典》。

谈到第一部作品，有些已不满足于讲官话汉语的人会认为此书不过尔尔。尽管如此，它仍是关于中国语言的英文书籍中最完美的一部。此外，这部书能写成，就是在回应时代的召唤。总要有人来写出这种书，这不，书写成了，一时间可谓无与伦比，此后他人也难以望其项背。

必须有人翻译中国经典，这也是时代的必然要求，理雅各博士完成了这一事业，翻译出十余卷大部头的经典。不论作品质量的话，如此工作量着实堪称巨大。面对卷帙浩繁的经典，笔者都是谈之色变。不过不得不承认，笔者对这些译文并非全都满意。巴尔福先生对此进行了公正的评价，认为译者在翻译这些经典时用了很牵强的术语。笔者认为，理雅各博士使用的术语即粗糙不文，既不合适又不符合说话习惯。这些还只是就形式而言的。至于内容方面，笔者不敢贸然评论，还是借用广东的花之安先生对笔者说的话："从理雅各博士对《孟子》的注释可以看出，他对孟子本人缺乏哲学上的理解。"可以肯定的是，理雅各博士若是没能设法用心去理解孔子及其学派这个整体，那么他是无法去读懂和翻译这些作品的；然而，无论是在注释

---

[1] 威妥玛（1818—1895）：英国外交官、汉学家。
[2] 理雅各（1815—1897）：苏格兰汉学家、传教士，曾将中国经典翻译成英文。

中还是在论文中，每句每段，理雅各博士都没有遗漏，如此方能展现出自己从哲学上将孔子学说当成一个整体来把握。总体来看，理雅各博士对这些经典的价值评判不能作为最终的定论，而中国经典仍然有待后人翻译。自从上述两部著作面世以后，学界便出现了许多关于中国的书：确实有几套书具有一定的学术意义，但笔者认为，还没有一部能称得上是汉学的转折点。

首先，是伟烈亚力[1]先生的《汉籍解题》。不过这仅仅是一部目录，与文学不沾边。还有就是已故汉学家梅辉立[2]先生的《汉语指南》，这部著作肯定算不得完美佳作。不过即便如此，这也算是一部伟大的作品，在所有关于中国的著作中，这一部是编写最为认真，并且最实事求是的作品，至于其实际效用，也就仅次于威妥玛的《语言自迩集》。

再有就是著名的汉学家翟理思先生，此人在英国领事馆供职。翟理思先生思路清晰，妙笔生花，着实令人羡慕，可以说颇得早期法国汉学家之妙。任何难题只要一经他手，立马就会变得清晰明了。不过也有一两个例外，他在选择要翻译的作品时稍微差点缘分，他选择翻译《聊斋志异》，而这一译作大概是中译英的典范之作。不过《聊斋志异》虽属佳作，在中国文学里却难归上品。

---

1 伟烈亚力（1815—1887）：英国新教传教士。
2 梅辉立（1831—1878）：英国官员、汉学家。

继理雅各博士之后，巴尔福先生最近出版了庄子《南华经》的译本，这一作品无疑是包含了作者的勃勃雄心。不得不承认，当笔者第一次听到这个消息时，满怀期待与兴奋，其程度不亚于听说一个英国人进了翰林院。中国人人都承认，《南华经》是民族文学上品中的至臻至善之作。自从公元前2世纪成书以来，《南华经》对中国文学的影响不亚于孔门儒学，此后历朝历代的诗歌和想象文学更是在语言和精神层面都深受此书影响，就好比四书五经在中国思想著作方面所占的支配地位一样。可惜巴尔福先生的书根本算不得翻译，简直就是乱译。巴尔福先生花了多年心血翻译此书，笔者却对此有这样的评价，这确实令人不悦。但是，既然笔者已经开口，那自然是希望这是一份有益的评价。笔者相信，若是我们提出关于正确阐释庄子思想的问题，那么巴尔福先生肯定是不会来参加讨论的。最新《南华经》译本的编辑林熙忠（译者注：Lin Hsi-chung 音译）在前言中写道："读一部书，首先要明白每个字的意思，之后才能分析句子，然后才能看懂段落的谋篇布局，只有做到以上几点，最终才能明白一章的中心思想。"巴尔福先生译文的每一页都有硬伤，这说明有许多字词他并不明白，他对句子的结构也理解不到位，段落的谋篇布局更是没把握好。想要证明笔者的观点属实其实很简单，只需要看看语法和句法就可以了，很明显巴尔福先生曲解了整本《南华经》的中心思想。

当今所有的中国学家之中，笔者倾向于把广东的花之安先生排在首位。虽然，笔者并不认为花之安先生的学术成果或者文学水平比其他学者高，但是笔者发现此人写的每个句子都表明他掌握了一定的文学和哲学准则，而当下其他学者中，这种人实属罕有。这种准则究竟是什么，需放到本文的下半部分来讲，届时笔者希望能阐明中国学问研究的方法、目标和对象。

中国学问(下篇)

花之安先生曾经认为中国人不懂得科学探究的方法。然而，中国有一部典籍叫《大学》[26]，大多数学者认为这部书里全是陈词滥调，书中却提出了想要系统研究学术时必须遵循的思路。对于研究中国的人来说，按照这部经典提出的步骤去做，可以说是最好的办法，这个步骤就是修身、齐家、治国、平天下。

对于研究中国的人来说，首先，应该正确理解中国人个人行为的准则；其次，要观察这些准则在中国复杂的社会关系和家庭中的运用状况究竟如何；最后，要将注意力和研究目标放在国家行政和管理机构上。当然，这样的研究程序只能走个大概，要想完全贯彻落实，则需要花费毕生精力。当然，若是没能熟悉上述准则，此人便算不得中国学者，也谈不上能有什么高水平的学问。德国诗人歌德说："无论是人文作品还是自然造化，真正值得注意的是其目的。"在研究民族品质时，最重要的不仅在于关注民族的行为和实践，还在于关注其观念和理论，去弄懂他们的是非观、善恶观、美丑观，还要弄清他们是怎样区分智慧与愚笨的。正如笔者所言，研究中国时应该研究个人行为准则。换言之，必须对民族理想展开研究。若是有人问如何才能做到这一点，那么笔者认为，应该去研究该民族的文学，民族文学可以展现民族品质中最优秀最高尚的一面，也能暴露出最差劲的一面。因此，外国学者研究中国时，应该关注中华民族的优秀文学，学者必须进行准备工作，而只要提前对此有所涉猎，学者就都能达成这一目标。现在不妨来看一下如何研究中国文学。

一位德国作家说过："欧洲文明是建立在希腊、罗马和巴勒斯坦文明之上的，印度人还有波斯人和欧洲人一样都具有雅利安血统，因此，他们的关系十分密切；中世纪时，欧洲人同阿拉伯人进行交流，这种影响作用在欧洲文明上面，直至今日仍然存在。"然而，中华文明的起源与发展与欧洲文明有着截然不同的根基。外国人学习中国文学时，由于不了解各种基本理念和概念，因此，需要克服大量的困难。他们不仅要将理解自己文化之外的理念和概念，还要欧洲语言中与这些东西对应的称呼，如果没有对应的称呼，那就要将这些东西解构开来，看看人类的普遍天性中有哪些方面可以与这些概念归为一类。举例来说，中国经典中屡屡出现"仁""义""礼"，英文译作"benevolence""justice""propriety"。然而，若是把这些英语单词放到整篇文章中，就会感觉这些词翻译得并不恰当：它们并不能涵盖这些中文词的全部意思。"humanity"对应中文的"仁"

可能更恰当一些，但是此时再去理解"humanity"，就不能用英语一贯的用法去理解。有些翻译比较大胆，会用《圣经》中的"love"和"righteousness"去翻译"仁"，这种翻译既传达了词义，又符合语言习惯，可以说是翻译中的上乘。然而，现在如果对这些词进行解构，并将这些词最基本的概念归入人的普遍天性，它们的全部含义就会一目了然，那就是"善""真""美"。

但是，如果想将一个民族的文学研究透彻，必须将其视作一个相互关联的整体进行系统研究，不能像迄今为止绝大多数外国学者一样，不讲章法，零星地去研究。马修·阿诺德先生说："要么去理解全部的文学，理解整部人类精神史，要么去理解一部伟大的文学作品，把它当成一个相互关联的整体，只有这样，文学的力量才能显现出来。"当前，研究中国的外国学者之中，能将中国文学视作一个整体来把握的人可谓少之又少！因此，他们能把握住的意义也是少之又少！他们能理解的可谓少之又少！而这为他们理解中华民族品质所提供的帮助也是少之又少！除了理雅各和其他一两个学者以外，其他欧洲人了解中国文学主要是通过翻译过去的小说，这些作品算不得上乘佳作，只能说是泛泛之作。试想一下，这就好比外国人读了罗达·布劳顿[1]女士的作品，或者学生、保姆一类人看的小说之后就来对

1　罗达·布劳顿（1840—1920）：威尔士小说家、短篇小说作家。

英国文学品头论足！威妥玛爵士怒斥中国人"缺乏智慧"时，满脑子里装的肯定是中国文学中的这类作品。

还有一种对中国文学的评论非常离谱，认为中国文学不讲道德。如此一推，他们认为中华民族也不讲道德，而大多数洋人也十分赞成中国人爱撒谎！然而，事实绝非如此。从前研究中国的人翻译中国文献时，只是翻译我们此前知道的那些垃圾小说，并不涉足儒家经典。儒家经典中确实除了道德之外，还有许多其他的东西，笔者无意冒犯巴尔福先生，但此君认为经典中"令人尊敬的教义"是"功利且世俗"的，这点恕笔者不敢苟同。笔者仅从经典中摘出两句话，敢问巴尔福先生，如果阁下所说的"功利且世俗"为真，那么孔子回答大臣时所云"获罪于天，无所祷也"和孟子所云"生，亦我所欲也；义，亦我所欲也。二者不可得兼，舍生而取义者也"又该当何解呢？

笔者认为，即便离题万里来反驳巴尔福先生也是十分有必要的。因为笔者看来,有些词句太过尖锐,譬如"遗古庸奴""诡辩鬼才"等，这些词放在哲学著作里并不合适，而且人们更不会用这些词来形容中国最受尊敬的圣贤。巴尔福先生可能是对南华真人太过崇敬，热切希望道家学说能够超越儒门正宗，因此才误入歧途，使用了这样的措辞，笔者坚信，像他这种误判一定会遭到谴责的。

回归正题，笔者说过，要研究中国文学，必须把它当作一个相互关联的整体。此外,笔者还注意到,欧洲人在对中国文学构想和组织批判时,习惯于拿那些与孔子名字沾边的作品做文章,实际上,在孔子的时代,经过孔子的苦心经营,中国文坛才刚刚起步,此后又经历了十八个王朝、两千多年的发展。在孔子的时代,人类对文学创作的形式还没有一个充分的理解。

笔者在此打算谈一谈,研究文学时有个重点应该特别注意,那就是文学的形式,这一点迄今为止研究中国的洋人都将其忽略了。诗人华兹华斯说:"内容固然重要,但内容通常是通过形式表现出来的。"诚然,早期与孔子名字沾边的作品称不上臻完之作,从文学形式方面来讲,它们之所以被视为经典或标杆之作,并不是因为其风格古典优雅,也不是因为它们的文学形式有多完善,而是因为它们内容中所蕴含的价值。宋人苏东坡的父亲认为,散文的雏形可以追溯至孟子的语录。中国的文学,无论是诗还是文,日后又都发展出多种形式和风格。譬如西汉的文章就与宋朝的散文大为不同,就好比培根的散文不同于爱迪生或哥德史密斯的散文。六朝诗热烈夸张、措辞不工,与精纯生动、辉煌灿烂的唐诗大为不同,就好比济慈早期那虚浮青涩的诗风与丁尼生那遒劲明朗、色彩中正的诗风有所不同。

因此,正如笔者所阐述的那样,研究者只有用心去体会所研究民族的基本准则和概念,才能走上研究该民族社会关系的道路,才可以观察人们究竟是如何践行这些准则的。但是,民族的社会制度、风俗习惯并非如蘑菇一般一夜而成，而是历经了千百年才养成的。因此，有必要对民族的历史进行研究。到目前为止，欧洲学者对中华民族的历史几乎是一无所知。近日出版的包罗杰先生所著《中国简史》一书，可能是将中华民族这样文明的民族描写得最差劲的一部史书。包罗杰先生的这部史书若说是写霍屯督人[1]这样的蛮族倒还差不多。像这样的中国历史都能出版，只能说明欧洲人对中国人还称不上完全了解。若是不懂中国的历史，也就无法对中华民族的社会制度做出中肯的评价。卫三畏博士的《中国总论》还有其他一些关于中国的作品，不仅对学术毫无裨益，还会误导广大的一般读者。

举个例子，就拿民族的社会礼节来说，中国无疑是礼仪之邦，这的确也要归功于孔子教育的影响。巴尔福先生可以畅所欲言，大谈这种礼节琐碎无用，但是正如翟理思先生所言，"外在礼仪中的鞠躬作揖"深深地根植于人的普遍天性之中，也就是本人所谓的"美"。孔子的弟子曰："礼之用，和为贵。先王之道，斯为美。"儒家经典还记载："有礼者敬人。"（这就是歌德在《威廉·迈斯特》中所说的 Ehrfurcht。）现在我们明白，若是评价一个民族的礼节风俗，首先应该对该民族的道德准则有所了解。不仅如此，笔者认为，虽然对国家政府和政治机构

---

[1] 种族术语，即科伊科伊人。

的研究应该置于研究阶段的末尾,但是这也要求理解该国的哲学准则和历史。

最后,笔者将从洋人所说的"陈词滥调之书"《大学》中引用一段文字来总结全文。所谓"古之欲明明德于天下者,先治其国;欲治其国者,先齐其家;欲齐其家者,先修其身",中国之学问,大抵如是。

《中国学问》一文于1884年发表于上海《字林西报》,确为三十年前之作。

群氓崇拜之宗教或战争与出路

法国劫灾诚可悲，
王侯自省民当思。
万人捶破朱门后，
再有相戕问阿谁？

——歌德[27]

剑桥大学的迪金逊教授曾洋洋洒洒拟文《战争与出路》，文中认为："未来(欧洲文明的未来)不会被操纵于任何人为之目的，除非英国、德国及世界其他国家的平民百姓，还有劳心劳力的工人们团结起来，对那些曾经将他们拖入灾难无间轮回的人说：'别打了！别打了！永远别打了！你们这些统治者、士兵，还有外交官，千百年充满苦难的历史长河中，你们主导着人类的命运，又将人类引入地狱，我们现在要与你们彻底决裂。你们肆意榨取我们的血汗，这种事情到此为止了。你们发动了战争，却不会缔造和平。走出战争的欧洲，才是我们的欧洲，而这里永远不会再发生欧陆大战。'"

这是欧洲社会党人的梦想。但是，这样的美梦恐怕永远不可能成真。本人坚信，若是欧洲诸国的百姓摆脱统治者、士兵和外交官并且自主决定与他国究竟是战是和，那么在问题本身解决之前，世界各国的平民百姓肯定会吵得不可开交、打得头破血流，自己内部先大动干戈。就拿英国的爱尔兰事件为例，爱尔兰的平民百姓试图自治，而且搞得人人自危，若不是爆发了更严重的世界大战，当时可能就会掀起血雨腥风。

为了能够找到战争的出路，必须先找到这场战争的根源和导火索，并且找出该为这场大战负责的人。迪金逊教授试图告诉我们，是统治者、士兵和外交官把平民百姓拖入了灾难，拖入了战争的地狱。但是本人认为，不是统治者、士兵、外交官把平民百姓引入了战争，而是平民百姓把欧洲可怜无力的统治者、士兵和外交官拖入了修罗场，这点是可以证明的。

我们不妨先来看看目前的统治者，也就是欧洲的皇帝、国王还有总统。有一说一，除了德国皇帝之外，当前各国的统治者都没有说过要发动战争。实际上，当今欧洲的统治者，也就是皇帝、国王还有总统，都被"自由大宪章"弄得束手束脚、不敢发声，他们自己国家无论是政府还是公共事务，都不容他们置喙。英国国王乔治属实可怜，爱尔兰内战在即，他为了防止内战爆发，试图对此发表讲话，却遭国内平民百姓一致声讨，他不得不通过首相向百姓道歉，作为一个国王，他只不过是在尽职尽责地阻止内战罢了！实际上，当今欧洲的统治者不过是一群养尊处优、装点门面之人，负责往政府文书上盖章而已。这些装点门面的人连自己国家政府的事务都插不上话，也不能表达自己的意志，我们又怎么能说欧洲当前的统治者应该对大战负责呢？

紧接着再看看士兵，迪金逊教授，以及其他所有人都认为士兵应该为这场大战负责。拉斯金在伍尔维奇[1]向军校学员发表演说时说道："现代军事院校最致命的缺点，在于它夺走了民族最优秀的血气和力量，夺走了民族的精髓，也就是英勇、奉献、坚忍、忠信；在于将这些精髓熔炼成钢，铸成一把没有观点没有意志的利剑；在于保留了怯懦、贪婪、享乐、不忠等民族糟粕，在于让人们脑中空无一物，进而使这些糟粕堂而皇之大行其道。"拉斯金继续对英国士兵们讲道："你们履行保卫英国的誓言，并不意味着一味地执行这样的制度。若是有店员在店里欺骗顾客，你们还站在店门口保护店员，那可真算不得真正的士兵。"如今，英国人还有真正的英国士兵都在谴责普鲁士穷兵黩武，我认为他们应该认真阅读并仔细思考一下拉斯金说的这番话。很明显，拉斯金认为如果欧洲当前的统治者在政府和公共事务上没有发言权的话，那么今日欧洲的士兵绝对也插不上话了。丁尼生评

---

1 伍尔维奇：一座海军与工业重镇。

论巴拉克拉瓦[1]战役中的英国士兵时说："不解缘由但且行，健儿百死余一生。"事实上，如果说当今欧洲的统治者已变成了养尊处优、装点门面之人，那么欧洲的士兵则变成了毫无意识的危险杀器。欧洲的士兵不过是母国政府手下没有观点没有意志的机器而已，怎么能说这场大战的责任应该落到他们头上呢？

最后，再来分析一下欧洲的外交官。根据欧洲的政府理论、"自由大宪章"还有"宪法"，外交官，也就是当前主管政府和公共事务的政客和大臣们只能去执行百姓的意志。换言之，平民百姓要他们怎么做，他们就必须照做。如此看来，上述这种人也不过是机器，是一种会说话的机器，其实更像傀儡戏中的傀儡，这种傀儡看似神气十足，但没有自己的意志，是平民百姓在背后操纵他们忙上忙下。这种没有灵魂的傀儡只能发声，却没有自己的意志，又怎么能说主管政府和公共事务的政客和大臣这种外交官应该为大战负责呢？

本人看来，当今欧洲诸国政府之中最怪的现象，就是掌管政府事务的人，即统治者、士兵还有外交官，他们不能有自己的意志，若是他们认为有些事于国于民都有益处，也没有权力去做。但是广大平民百姓，诸如《爱国时报》的编辑张三、死狗沟子街的李四，此人在卡莱尔的时代还是做香肠卖果酱的，

---

[1] 巴拉克拉瓦：俄国地名。

现在改行造军舰了，还有放贷的王二麻子，等等。他们在国家政府中非常有权力，讲话也有分量，实际上，他们有权告诉当前的统治者、士兵和外交官应该怎么做才能保障国家的利益和安全。如果诸位仔细思考一下，就会发现，应该对这场大战负责的正是张三、李四、王二麻子这三种人。正是他们这三种人，制造了恐怖的现代机器——欧洲的黩武思想，而正是这可怕的机器导致了这一场大战。

有人会问，为什么欧洲当前的统治者、士兵和外交官会如此懦弱，以至将权力拱手让予张三、李四、王二麻子之流？那是因为即便是迪金逊教授这样善良诚实的百姓，也没有选择效忠和支持自己国家当前的君主、士兵和外交官，反倒是跟张三、李四、王二麻子混到一起，与统治者、士兵和外交官作对。为何欧洲的平民百姓要支持张三、李四、王二麻子呢？原因有二，首先，张三、李四、王二麻子向民众宣称自己的党派是百姓的党派；其次，欧洲诸国的百姓从小受到的教育就是"人性本恶"，所有人在获得权力之后都会滥用自己的权力，进一步来讲，当人们足够强大时，脑中肯定会盘算着劫杀邻居。张三、李四、王二麻子之流获得了民众的支持，迫使当前的统治者、士兵和外交官制造恐怖的现代机器，而这些现代机器带来了可怕的战争，这一切都是因为这群人蜂屯蚁附之时，往往各怀鬼胎、怯懦无能。

如此一来，诸位如果追根溯源就不难发现，该对战争负责的并不是统治者、士兵和外交官，甚至也不是张三、李四、王二麻子之流，而是善良诚实的平民百姓，是迪金逊教授这样的人。迪金逊教授肯定会反驳说他们这种平头百姓又不希望爆发大战。可是，又有谁希望爆发大战呢？本人的答案是：没有人希望爆发大战。那么，究竟是什么原因导致了这场大战呢？本人的答案是：恐惧导致了这场大战。这是暴民的恐慌，去年8月，平民百姓推波助澜而成的恐怖现代机器从俄国发动，而恐惧则掌控了整个欧洲的平民百姓。简言之，暴民的恐惧，蔓延到了当前交战国的统治者、士兵和外交官那里，并且控制了他们的头脑，使他们无法思考，他们陷入无能为力的境地，最终导致了恐怖的战争。如此，我们可以看到，并不是迪金逊教授说的统治者、士兵、外交官将欧洲的平民百姓拖入了灾难，反而是平民百姓自私自利、胆小懦弱，在关键时刻畏首畏尾、惊慌失措，将可怜无力的统治者、士兵和外交官推进火坑、推进战争的地狱。当前交战诸国的统治者、士兵和外交官对此无能为力，实在是可悲、可叹又可怜，实际上这也使得欧洲目前这种悲惨局面变得毫无希望。

根据本人的上述阐释，欧洲若想在当下和将来获得长久太平，首先要做的，很明显不是如迪金逊教授所说的，让平民百姓参与政治，而是要将他们远离政治，这群人蜂屯蚁附之时，

151

心怀鬼胎、怯懦无能，一旦面临战争与和平的问题，他们总是容易惊慌。换句话说，本人看来，要想保欧洲太平，必须先将统治者、士兵和外交官保护起来，使他们免受平民百姓的侵扰，免受惊恐暴民的侵扰，这样他们就不会变得无能为力。实际上，且不论将来如何，若是想挽救当前欧洲的局面，本人认为唯一的办法就是先将交战国的统治者、士兵和外交官从当前无力的局面中拯救出来。此处本人想要指出的是，当前欧洲这种悲惨无望的局面表现为人人都渴望和平，但是没有人有勇气或实力来缔造和平。所以说，当前的首要任务是将统治者、士兵和外交官从当前无力的局面中拯救出来，想方设法赋予他们权力，用这份权力去寻找和平的出路。本人认为，为了欧洲的百姓着想，为了交战国的黎民着想，唯一的出路就是废掉当前的"自由大宪章"，然后重新拟定一份"忠诚大宪章"，就如同我们中国人的良民宗教所提倡的那样。

按照新的"忠诚大宪章"，交战国的百姓必须宣誓：首先，不得以任何方式讨论、干涉、介入当前的战争政策；其次，无论当前统治者将要落实何种和平条款，他们都必须绝对接受并服从。这种全新的"忠诚大宪章"会让交战国的当前统治者立马获得权力和勇气来缔造和平。本人相信，一旦当前交战国的统治者有了这种权力，他们立马就可以控御和平。本人之所以这么相信，是因为交战国的统治者一定能够看到，他们每天都要打光九百万英镑，这些钱都是他们的百姓辛辛苦苦挣来的血汗钱，他们拿这些钱去屠杀成千上万的无辜男子，去捣毁成千上万无辜女子的家庭，让她们再无幸福，这一切都不过是疯狂的杀戮罢了，除非交战国的统治者真的是无可救药的疯癫狂魔。交战国的统治者、士兵、外交官都没能明白这一点，究其原因，在于他们发现自己无能为力，在广大暴民的恐慌面前，他们无能为力，其实也就是如本人所言，暴民的恐慌已经控制并麻痹了他们的头脑。所以说，要想挽救欧洲危局，当务之急就是要把权力交给交战国的统治者、士兵、外交官，将他们从暴民的恐慌中解救出来。

本人打算进一步指出，当今欧洲落得如此悲惨绝望的境地，不仅是因为统治者、士兵、外交官无能为力，还因为交战国的所有国民都无能为力。人人都无能为力，都不希望爆发这场战争，但是他们也看不清这场暴民恐慌引起的战争是一场疯狂的杀戮，正如本人所言，这是因为这种恐慌已经控制并麻痹了所有人的头脑。关于这一点，从迪金逊教授的文章中就可见一斑，他对战争口诛笔伐，公然抨击统治者、士兵、外交官，谴责他们制造了战争。迪金逊教授并没有意识到，他头脑里装的也是暴民的恐惧。他在文章开头就声称这篇文章并非为"止战"而作。接着又说："我所想的正是全体英国人所想的，我们被卷入了战争，就应该将战争进行到底，直到我们的领土和安全能够得到保障，直到人类能够动用智慧保障欧洲未来的和平。"这大英帝国的统一安定和欧洲未来的和平，是每天用那实打实的九百万英镑和成千上万条无辜人命堆出来的！这种言论荒谬至极，只有脑子不受暴民恐慌控制的人才能看得分明。欧洲的和平啊！若是一直这样耗资如水，杀人如麻，倒也确实能带来和平，但到那时，欧洲就已经消失在世界地图之上了。如果想要证明平民百姓真的完全不适合决定战争与和平的问题，那么只需要看看迪金逊教授之流的这种态度就可以了。

然而，本人想要强调的是，交战国之中，人人都期盼和平，但是却没有人掌握着缔造和平、制止战争的力量。正是因为没有人掌握着缔造和平、制止战争的力量，使得大家都相信，绝无可能找到和平的出路，绝无可能看到缔造和平的希望。这种对和平的绝望蒙蔽了交战国人们的双眼，使人们无法认识到，这场由暴民恐慌引起的大战，只不过是一场疯狂的杀戮而已。因此，为了让人们清楚地认识到这场大战只不过是一场疯狂的杀戮，首先要做的就是要让人们知道，和平仍有可能降临。要想让人们知道和平仍有可能降临，当务之急就是立即停止战争，把充分的权力交到一部分人手上去制止战争，通过订立"忠诚大宪章"，将绝对的权力交到交战国统治者手中，这样便可立即制止战争。一旦人们看到有人能够制止战争，那么交战国的所有人就都能明白，这场暴民恐慌引起的战争是多么不得人心，这只不过是一场疯狂的杀戮,而且这场战争如果持续下去,一切都将惨遭毁灭,即便是获胜的国家也难逃一劫,当然,不可救药的、无可救药的疯癫狂魔除外。只有交战国的统治者手握阻止战争的权力,而且人人都能看清这场大战就是一场疯狂杀戮,交战国的统治者才能控御战争,使其立马结束,找到一条通向永久太平的道路,就如同美国总统威尔逊[1]一般,如同在日俄战争中调停双方的美国前总统罗斯福[2]一般。本人之所以说威尔逊总统这样的人能够制止战争,是因为本人认为,要想缔造和平,当前交战国统治者必须做的就是建一座疯人院,把少数无可救药的疯子抓起来关进去,就比如迪金逊教授这样脑中全是暴民恐慌的人,他们唯恐大英帝国统一安定,唯恐将来欧洲不乱!

因此,本人认为,对于交战国的国民来讲,当前战争的唯一出路就是废除当前"自由大宪章"与"宪法",订立新的"大宪章",不是"自由大宪章",而是"忠诚大宪章",就像中国的良民宗教所倡导的一样。

为了证明本人的提议有效,还请欧美之人注意,美国前总

---

[1] 托马斯·伍德罗·威尔逊(1856—1924):美国政治家、学者,1913—1921年任美国第28任总统。
[2] 富兰克林·德拉诺·罗斯福(1882—1945):美国政治家、政治领袖,1933—1945年任美国第32任总统。(此处注释原文有误,应为西奥多·罗斯福,美国第26任总统。——译者注)

统罗斯福之所以能成功化解日本天皇与俄国沙皇之间的矛盾，并且调停日俄战争，最终在朴次茅斯签订了和平协议，离不开日俄两国国民对本国统治者的绝对忠诚。日本国民绝对忠诚是因为从中国学去了良民宗教中的"忠诚大宪章"；俄国却不讲究良民宗教和"忠诚大宪章"，想要维护俄国百姓的绝对忠诚，必须用鞭子抽。

接下来可以看一下《朴次茅斯条约》签订后，拥有良民宗教"忠诚大宪章"的日本和没有良民宗教"忠诚大宪章"的俄国都发生了什么。在日本，《朴次茅斯条约》签订后，东京的平民百姓本来信奉的良民宗教被欧洲新学破坏，他们发起示威，想要制造恐慌，但是日本国民内心纯净，心中仍有"忠诚大宪章"，再辅以少数警察，这场抗议和百姓恐慌只持续了一天就被弹压。不仅日本国内安宁太平，整个远东从此也再无战事。[28]但是，在俄国，《朴次茅斯条约》签订以后，各地平民百姓也进行了示威，也试图制造恐慌，但是由于俄国没有良民宗教，而那用来保证百姓绝对忠诚的"鞭子"也断裂了，自此俄国平民百姓有了充分的自由去制造骚乱，去订立"宪法"，去游行示威，去制造恐慌，他们唯恐俄罗斯帝国和斯拉夫民族统一安定，唯恐将来欧洲不乱！奥匈帝国与俄罗斯帝国就如何处置杀害奥地利大公的凶手产生了小小的分歧，结果俄国的平民百姓就举行示威，制造恐慌，唯恐俄罗斯帝国统一安定，而俄国的沙皇与近臣们被迫调遣全部俄国军队，也就是张三、李四、王二麻子之流创造的可怕的现代机器。当俄国现代的黩武机器发动起来，恐慌立马就在欧洲平民百姓之间蔓延开来，而正是这种普遍的恐慌，控制并麻痹了交战各国的统治者和外交官，使他们无能为力，进而导致了这场大战爆发。

如果想要深究的话，不难发现，《朴次茅斯条约》才是这场战争的真正根源所在。之所以这样说，是因为该条约签订以后，"鞭子"的力量在俄国已经不复存在，也就没有什么能够保护沙皇，使其免于平民百姓的恐慌。实际上，也就是俄国暴民的恐慌，他们唯恐俄罗斯帝国和斯拉夫民族统一安定！德国诗人海涅眼光非凡，他是自由主义者中的魁首，是当时的自由主义斗士，他说："俄国的专制制度是一种真正的独裁，正是有这种独裁，我们当今的自由主义观念才得以产生。"本人再重申一遍，《朴次茅斯条约》签订以后，俄国的独裁之鞭就失去了力量，无法保护俄国的统治者、士兵和外交官，使其免于俄国暴民的恐慌，而这恐慌就是这场大战的真正根源。换言之，这场大战的真正根源和起因就是俄国暴民的恐惧。

从前，欧洲各国负责任的统治者之所以能维持国内的秩序、维护欧洲的和平，是因为他们敬畏且崇拜上帝。但是现在，欧洲诸国的统治者、士兵、外交官不再敬畏或崇拜上帝了，而是惧怕和崇拜暴民，也就是自己国家中的平民百姓。拿破仑战争之后，缔结神圣同盟的俄国沙皇亚历山大一世不仅能维持俄国的秩序，还能维护欧洲的和平，因为他对上帝敬畏有加。但是，现在的俄国沙皇既不能维持国内的秩序，也无力维护欧洲的和平，正是因为他惧怕暴民，而不敬畏上帝。英国像克伦威尔一类的统治者有能力维持国内秩序并维护欧洲和平，因为他们崇拜上帝。但是，目前英国的统治者诸如格雷勋爵[1]、阿斯奎斯[2]、丘吉尔[3]和劳合·乔治[4]之流，却不能维持国内秩序，也无力维护欧洲和平。因为，他们已经不崇拜上帝，而是改为崇拜暴民，不仅崇拜本国的暴民，还崇拜外国的暴民。英国前首相坎贝尔·班纳曼[5]在得知俄国杜马解散后，曾放声高呼："杜马休矣，杜马万岁！"

本人讲过，这场大战的真正根源是俄国暴民的恐惧，但是现在本人想说的是，这场大战最早的源头并不是俄国暴民的恐惧。当今的世界大战、混乱无序、恐怖之事、悲苦惨剧的最初根源都在于暴民崇拜，是所有欧美国家的群氓崇拜，其中英国

---

[1] 格雷勋爵：苏格兰贵族头衔。
[2] 赫伯特·亨利·阿斯奎斯（1852—1928）：英国政治家，1908—1916年任英国首相。
[3] 温斯顿·伦纳德·斯宾塞·丘吉尔（1874—1965）：英国政治家、军官、作家，1940—1945年、1951—1955年任英国首相。
[4] 大卫·劳合·乔治（1863—1945）：英国自由党政治家，也是英国最后一位自由党首相。
[5] 亨利·坎贝尔·班纳曼（1936—1908）：英国自由党政治家，1905—1908年任英国首相。

尤甚。导致日俄战争的,正是英国的群氓崇拜[29]。日俄战争之后,《朴次茅斯条约》出台,再加上英国首相的推波助澜,"鞭子"的力量就不复存在,而海涅所谓的独裁也被摧毁,进而使得俄国暴民产生恐惧,而这也就导致了恐怖的战争。

顺带一提,英国崇拜暴民,居住于中国的英国人,以及其他外国人也崇拜暴民,这种崇拜实际上是从英美引入中国的,这使得中国闹起了革命,现在中国变成了可怕的民国,"真正的中国人"这一宝贵的世界文明财富面临着毁灭的危险。因此,本人认为,英国的这种群氓崇拜,今日欧美的这种群氓崇拜,若是不立即将其消灭,不仅仅是欧美文明,全世界的文明都难逃被毁灭的厄运。

当今群氓崇拜正威胁着世界上所有的文明,本人认为现在只有一样东西能够将其消灭,那就是忠诚信仰,也就是忠诚圣礼,是"忠诚大宪章",就如同我们中国人的良民宗教所提倡的那样。"忠诚大宪章"可以保护各国尽职尽责的统治者、士兵和外交官,使其免受暴民侵扰,使他们不仅能维持国内秩序,还能维护世界和平。此外,这种"忠诚大宪章"以及包含这种"大宪章"的良民宗教,可以使所有善良贞正之人去帮助自己合法的统治者,来震慑并弹压那些暴民,从而使得所有国家统治者既能维持国内秩序,还能维护世界和平,而且不需要动用鞭子、警察、士兵,总的来说就是不需要黩武。

本人在下结论之前，想要就德国黩武问题讲几句。本人之前讲过，这场大战的最初根源是英国的群氓崇拜，但是如果说这场大战的最初根源是英国的群氓崇拜，那么这场大战的导火索便是德国的强权崇拜。据说俄国沙皇在签署俄军动员令之前曾表示："我们已容忍七年之久，现在必须做个了断。"从俄国沙皇这些激昂的话语就可以看出，德国的强权崇拜给他和俄罗斯民族带来了多大的苦难。正如本人所言，英国的群氓崇拜确实摧毁了沙皇手中的"鞭子"，使得他在面对渴望战争的暴民时束手无策，而德国的强权崇拜又使其大动肝火，与暴民一道步入战争的泥潭。所以说，这场战争的真正起因是英国的群氓崇拜和德国的强权崇拜。中国人良民宗教的经书上说："罔违道以干百姓之誉，罔咈百姓以从己之欲。"[30] 所谓"违道以干百姓之誉"，就是本人所言群氓崇拜，所谓"咈百姓以从己之欲"就是本人所言强权崇拜。但是，有了"忠诚大宪章"，国内尽职尽责的辅臣和政治家就会感到自己不应该对暴民负责，不应该对平民百姓负责，而是应该对自己的君王和良心负责。这样就能防止他们"违道以干百姓之誉"，其实也就是防止他们陷入群氓崇拜。同时，忠诚大宪章又可以使统治者感到重任在肩，这分重任便是"忠诚大宪章"所赋予的大权，而这则会防止他们"咈百姓以从己之欲"，其实也就是防止他们陷入强权崇拜。如此一来，我们便可以看到，这种"忠诚大宪章"以及提倡"忠诚大宪章"的良民宗教可以帮助我们消灭群氓崇拜和强权崇拜，而正如本人所述，这两种崇拜便是大战的起因。

法国人儒贝尔经历了法国大革命，在回应现代人对自由的呼唤时说道："应该呼唤灵魂，而不是呼唤自由的人。道德自由是一种非常重要的自由，这种自由不可或缺，而其他自由只有当它对道德自由有利的时候才是有益的好自由。服从本身就比独立要好。它们一个意味着秩序与归整，而另一个则意味着自足与孤立；一个意味着和谐，而另一个则意味着单调；一个意味着整体，而另一个则意味着部分。"

本人认为欧洲人、交战国的国民，若是想要走出这场大战，还要挽救欧洲文明和世界文明，那就只有这一条路可走，必须废除"自由大宪章"，订立新的"大宪章"，也就是"忠诚大宪章"，而实际上也就是采纳中国人的良民宗教，这种良民宗教本身就提倡"忠诚大宪章"。

世界的秩序将重新诞生！

参考文献

[1]《孟子·离娄章句下》:"所恶于智者,为其凿也。"

[2] 关于中国人精神的书籍当中,用西方语言所写成的最佳作品当属前法国驻华领事尤金·西蒙的《中国城市》。剑桥大学的迪金逊教授告诉本人,他那本著名的《中国人约翰来书》便是受《中国城市》一书的启发写成的。

[3] 德国皇帝致克鲁格总统的那封著名电报,表现了真正的日耳曼义愤之魂、道义精神本能的爆发,他们反对英国的约瑟夫·张伯伦,以及他的伦敦下层民众,而正是这些人操纵了布尔战争。

[4] 孔子对弟子说:"远人不服则修文德。"然而,英国贵族就像中国的旗人一样,现在对英国的暴民和群氓崇拜束手无策,

但是据本人所知，还没有哪个英国贵族加入暴民之中，与他们在战争中一同呐喊喧哗，这可谓难能可贵。

[5] 想要证明中国留学生已经变成暴民，可以参照去年北京某些学生给《京报》写信一事。这份报纸是由聪明的中国"巴布老爷"陈友仁创办的。此人曾公开威胁本人，要组织人对拙作《中国的女性》进行公开声讨，因为本人在此文中对中国的新女性进行了批判。这位聪明的中国"巴布老爷"煽动教唆人们去进行有预谋的骚动，现在则是英中亲善委员会的要员，而这一委员会则是由英国政府和海关总税务司赞助的。

[6] 爱默生洞察力非凡，他指出："拿破仑之所以会被送往圣赫勒拿岛，不是因为在战场上吃了败仗，而是因为他只是一个暴发之人，其野心庸俗不堪，竟妄想与真正的公主结婚，妄图建立一个王朝。"

[7] 孔子曰："居上不宽，为礼不敬，临丧不哀，吾何以观之哉？"莎士比亚说："有着巨人一样的膂力是一件好事，可是把它像一个巨人一样使用出来，却是残暴的行为。"

[8] 这里是指所有以来并绝对相信物质强力的人，就像爱默

生所说的那些崇拜枪火的庸人。

[9] 德国驻华公使克林德在庚子拳祸期间被一位军中狂人意外射杀。正因如此，德国外交官坚持要在京城大街上建克林德牌楼，这无疑是在中华民族的额头上印上了一个抹不掉的耻辱印记。前俄国驻华公使喀西尼在庚子拳祸之前曾接受美国记者的采访，表示："中国乃是礼仪之邦，然而，英国和德国的使节却如此无礼，尤其是德国的使节，真是失礼至极。"

[10] 孔子曰："君子笃恭而天下平。"

[11] 该诗英文翻译如下：
Aren't just doing the right thing? the mob we must befool them;
See now, how shiftless! and look now how wild! for such is the mob.
Shiftless and wild all sons of Adam are when you befool them;
Be but honest and true, and thus make human, them all.

[12] 中国每个小孩拿到的第一本书上面的第一句话就是这句。

[13] 唯有民众懂得什么是真正的生活,唯有民众过着真正的人的生活。

[14]《孟子·滕文公下》。

[15]《中庸》第十二章。

[16]《论语·为政》。

[17]《论语·尧曰》。

[18]《中庸》第十二章。

[19]《中庸》第一章。

[20]《老子》曰:"道可道,非常道;名可名,非常名。"

[21]《论语·卫灵公》。

[22] 孟子谈到中国历史上两个最纯洁、最具基督教美德的人时,说道:"故闻伯夷之风者,顽夫廉,懦夫有立志。"

[23]《中庸》第十三章。

[24] 德语原文如下：
Der Philister negiert nicht nur andere Zustande als der seining ist, er will auch dass alle ubrigen Menschen auf seine Weise existieren sollen,

[25] 参照孔子所言"巧言令色"的"色"。指花言巧语和好的态度（《论语·学而》）。

[26]《大学》：外国人熟悉的译名是"Great Learning"。

[27] 该诗英文翻译如下：
Dreadful is France's misfortune, the Classes should truly bethink them,
But still more of a truth, the Masses should lay it to heart.
Classes were smashed up; well then, but who will protect now the Masses
'Gainst the Masses? Against the Masses the Masses did rage.

[28] 本人认为，最近英国政治家的群氓崇拜被日本政治家学了去，至此，远东的和平也就到头了。诸如大隈重信伯爵一

样的政治家也崇拜暴民,此人挑起战争来针对青岛的一小股德国传教士。

[29] 英国暴民心怀恐慌,尤其是在上海和中国各地的英国暴民,他们的代言人则是《泰晤士报》驻京记者、"伟大的"莫理循博士。他们叫嚣着开放满洲,并且给日本人通风报信,煽动他们进行日俄战争。

[30] 罔违道以干百姓之誉,罔咈百姓以从己之欲(《尚书·大禹谟》)。

图书在版编目（CIP）数据

中国人的精神 / 辜鸿铭著；李志堃译 . -- 北京：中国华侨出版社，2023.10
ISBN 978-7-5113-8603-8

Ⅰ.①中… Ⅱ.①辜…②李… Ⅲ.①民族精神 – 研究 – 中国 Ⅳ.① C955.2

中国版本图书馆 CIP 数据核字（2021）第 190723 号

中国人的精神

著　　者：辜鸿铭
译　　者：李志堃
责任编辑：张　玉
经　　销：新华书店
开　　本：880mm×1230mm　1/32　印张：6　字数：113 千字
印　　刷：三河市冀华印务有限公司
版　　次：2023 年 10 月第 1 版　2023 年 10 月第 1 次印刷
书　　号：ISBN 978-7-5113-8603-8
定　　价：39.80 元

中国华侨出版社　北京市朝阳区西坝河东里 77 号楼底商 5 号　邮编：100028
发行部：（010）82068999　传真：（010）82069000
网　址：www.oveaschin.com
E-mail：oveaschin@sina.com
如发现印装质量问题，可联系调换。电话：010-82069336